에티오피아

ETHIOPIA

에티오피아

ETHIOPIA

세라 하워드 지음 | 김경애 옮김

세계의 **풍습과 문화**가
궁금한 이들을 위한
필수 안내서

세계 문화 여행 _ 에티오피아

발행일 2023년 10월 16일 1쇄 발행
지은이 세라 하워드
옮긴이 김경애
발행인 강학경
발행처 시그마북스
마케팅 정제용
에디터 김은실, 최연정, 최윤정, 양수진
디자인 우주연, 김문배, 강경희

등록번호 제10-965호
주소 서울특별시 영등포구 양평로 22길 21 선유도코오롱디지털타워 A402호
전자우편 sigmabooks@spress.co.kr
홈페이지 http://www.sigmabooks.co.kr
전화 (02) 2062-5288~9
팩시밀리 (02) 323-4197
ISBN 979-11-6862-173-2 (04900)
       978-89-8445-911-3 (세트)

CULTURE SMART! ETHIOPIA

에티오피아 전도

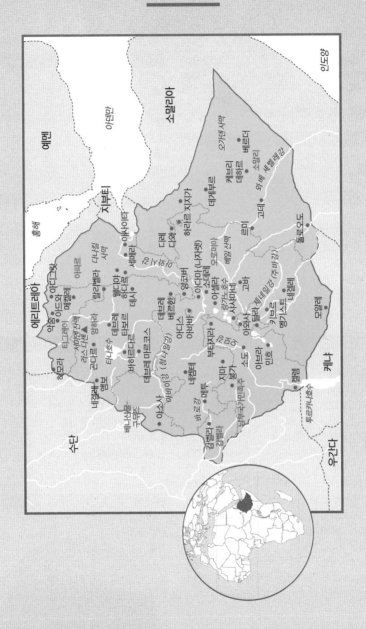

차   례

06 여가생활

07 여행 이모저모

08 비즈니스 현황

09 의사소통

아프리카에 있으면서도 온전히 아프리카에 속하지 않는 나라. 고립되어 있으면서도 외부 세계를 수용하는 나라. 계층적이고 보수적이면서도 혁신적이며 현대성을 갈망하는 나라. 국민 전체는 순응주의적이지만 개개인은 매우 독립적인 나라. 에티오피아의 정체성은 한마디로 정의하기 어렵다. 누구든 에티오피아를 일반화하려고 시도하자마자 금세 그 일반화를 적용할 수 없는 모습을 찾게 될 것이다. 왜냐하면 에티오피아는 과거 다양한 인종과 문화로 구성된 제국이었기 때문이다.

에티오피아는 동시에 다른 시간대에 존재한다. 에티오피아인은 그들에게 유리하게 작용할지도 모를 새로운 면을 발견하면 적극적으로 수용하고 개선할 방법을 모색한다. 하지만 수세기 동안 함께 살아가는 법을 배워온 전통에 대해서는 변화를 염두에 두지 않는다. 제국이라는 과거의 강력한 역사적 선례를 바탕으로 에티오피아의 현대 민주주의는 느리게 자리 잡아 왔다. 에티오피아의 관료주의는 외국인뿐만 아니라 에티오피아인까지도 당황하게 할 수 있지만 그들은 의문을 제기하지 않는다. 오히려 에티오피아인은 늘 그래왔던 것처럼 창의적인 방식으로 관료주의에 접근한다.

에티오피아인은 그들의 역사를 자랑스러워한다. 역사에 대한 자긍심이 너무도 커서 어떤 사람들은 에티오피아인이 잘난 체한다고 여기기도 한다. 에티오피아인은 또한 그들의 자산을 소유하려는 외부 세력의 시도에 대한 반감이 큰 까닭에 경제 발전을 희생하는 결과를 초래하기도 한다. 그뿐만 아니라 에티오피아인은 외부의 간섭에 분개한다. 이들은 아프리카 국가 중 유일하게 그들을 정복하고 식민지화하려는 세력을 물리친 나라라는 자부심을 가지고 있다.

늘 격식을 차리고 예의 바른 에티오피아인은 누구를 만나든 정중히 인사하고 진지하게 대한다. 그들의 공손함은 서로에 대한 존중을 기반으로 하는 다언어 및 다문화 정치 체계의 일원이라는 인식에서 비롯된 것이다. 외국인에 대한 공손함은 외국인을 더 우월하다고 생각하기 때문이 아니라 다른 지역 출신 에티오피아인을 대하듯 예의 바르게 대하기 때문이다.

에티오피아인은 또한 유머 감각이 뛰어나고 재치 있으며 말장난과 코미디를 즐긴다. 이 책은 여러분에게 에티오피아인을 소개하는 지름길과 같은 책이다. 에티오피아의 문화와 역사에 흥미를 보인다면 누구든 그들로부터 따뜻하게 환영받을 것이다.

공식 명칭	에티오피아 연방 민주 공화국	아비시니아라는 기존 명칭 암하라와 티그레이 지역만을 가리키는 용어이다.
수도	아디스아바바	인구 약 480만 명 해발 7,870피트 (2,400미터)
행정 구역 및 주도	아파르(세메라), 암하라(바히르다르), 베니샹굴-구무즈(아소사), 감벨라(감벨라), 하라리(하라르), 오로미아(핀피네/아디스아바바), 소말리(지지가), 시다마(아와사), 남부국가민족주(아와사), 티그레이(메켈레), 아디스아바바와 디레다와는 주의 자격을 인정받는 자치도시이다. 아디스아바바는 에티오피아의 수도이자 주도(州都)이며 자치도시이다.	
연방 공용어	공용어는 암하라어이다. 영어는 공인 외국어이다.	각 주에는 자체적인 공용어가 있다. 일부 주는 라틴 알파벳을 사용하고 나머지는 게즈어에서 파생된 문자를 사용한다.
면적	114만km²(남한의 약 11배)	
국경	에리트레아, 지부티, 소말리아, 케냐, 수단, 남수단	
기후	온화한 기후, 산악지대의 고산기후, 저지대의 열대기후 등으로 고도와 면에 따라 다양함	주요 계절은 두 가지. 10월부터 5월까지는 건기. 6월부터 9월까지 우기. 3월과 4월에 '짧은 우기'가 있음
경제	농업	약 70퍼센트의 인구가 농업으로 생계를 꾸림
통화	에티오피아 비르(ETB). 100산팀(Santim)=1비르	동전은 1, 5, 10, 25, 50산팀. 지폐는 1, 5, 10, 50, 100비르

인구	약 1억 1,400만 명. 평균 연령 19.5세	한 여성당 평균 자녀 수: 4.3명. 유아 사망률은 1,000명당 39명
아프리카인 이외의 민족	이탈리아인, 그리스인, 아르메니아인이 다수를 차지하며 외국인 대부분은 아디스아바바에 거주	그 외에도 예멘인, 사우디아라비아인 공동체가 있으며 최근 들어 중국인 공동체도 있음
주요 언어 집단	셈어(암하라, 티그레이, 구라게족), 쿠시어(오로모, 소말리, 아파르족), 나일어(누에르와 아누아크족)	주요 언어는 83개. 주요 셈어는 암하라어와 티그리냐어. 주요 쿠시어는 오로미파어와 소말리어
종교	주요 종교 두 가지는 에티오피아 정교회와 이슬람 수니파	그 외에도 개신교와 가톨릭교가 있으며 남부지역에는 물활론을 믿기도 함
정부	민주적으로 선출된 연방정부와 주정부(州政府)	지방 정부는 웨레다(지구), 시의회, 케벨레(행정 교구)로 구성됨
전압	220 volts, 50 Hz	2구 어댑터 사용
인터넷 도메인	.et	
전화	국가 코드는 251이며 에티오피아의 휴대전화 번호는 091로 시작함	에티오피아에서 해외로 걸때 00을 누르고 국가 코드를 누름
달력	양력(그레고리안 달력) 이외에도 에티오피아 달력이 사용됨	중동 시계는 에티오피아에서도 사용되며 일출 시각인 오전 6시에 시작됨
시간대	우리나라보다 6시간 늦음	

01

영토와 국민

에티오피아는 메마른 저지대에서 높은 산의 탑처럼 솟아 있다. 육지로 둘러싸인 에티오피아는 아프리카 북동부의 잘 다듬어진 산악고원지대에 자리 잡고 있다. 저지대는 북쪽과 동쪽으로 에리트레아, 지부티, 소말리아와 국경을 접하고 있으며 남쪽으로는 케냐, 서쪽으로는 수단과 남수단에 인접해 있다.

지형

에티오피아는 메마른 저지대에서 높은 산의 탑처럼 솟아 있다. 육지로 둘러싸인 에티오피아는 아프리카 북동부의 잘 다듬어진 산악고원지대에 자리 잡고 있다. 저지대는 북쪽과 동쪽으로 에리트레아, 지부티, 소말리아와 국경을 접하고 있으며 남쪽으로는 케냐, 서쪽으로는 수단과 남수단에 인접해 있다. 사막 한가운데에 '섬'과 같이 자리 잡은 지형은 에티오피아의 천연자원과 거주지 및 역사에 큰 영향을 미친다.

해발 1,500미터에서 3,000미터에 이르는 산악지대 고원 지역은 기온이 비교적 서늘해 에티오피아 인구의 대부분이 살고 있다. 이 지역은 최상의 농경지를 제공하며 에티오피아에 필요한 충분한 양의 수력 전기를 생산한다. 그러나 험준한 지형으로 인한 한계 역시 존재한다. 변성암, 퇴적암, 화산암, 관입암으로 이루어진 복잡한 구조는 폭이 평균 50킬로미터에 이르는 그레이트 리프트밸리(대지구대, 大地溝帶)라는 거대한 블록 단층으로 갈라진다. 리프트밸리 북서쪽의 작은 단층은 방대한 협곡을 형성했고 그중 청나일 협곡이 가장 깊다. 북쪽으로 솟은 시미엔 산맥은 특이한 수직면의 평평한 봉우리들로 해발 4,300

미터가 넘는다. 리프트의 남동쪽 고지대는 좀 더 완만하지만
베일 산맥과 거의 같은 높이로 솟아 있으며 남쪽을 바라보는
하렌나 절벽은 웅장함을 자랑한다. 이 지역 전체는 여전히 불
안정한 상태로 소규모 지진이 잦고 온천이 많다.

  에티오피아는 '아프리카의 저수지'라는 표현이 적절할 만큼
인접국인 소말리아, 수단, 이집트에 용수를 공급하고 있다. 북
쪽 산맥에서 흘러나오는 청나일강과 그 지류는 카르툼 북쪽
나일강물의 2/3를 공급한다. 남쪽의 와베셰벨강과 제날레강은

소말리아를 통과해 인도양으로 흐른다. 아와시강은 지부티 근처 사막으로 흐르고 오모강은 육지로 둘러싸인 투르카나 호수로 연결된다. 이 중 상당수에는 수력발전을 위한 댐이 들어서 있다.

리프트밸리는 북쪽에서 다나킬 사막으로 확장된다. 다나킬 사막은 지구상에서 연평균 기온이 가장 높은 혹독한 곳으로 남쪽으로 케냐 북부 사막에 이르면서 기온이 하강하며 고도는 약 1,700미터까지 상승한다. 리프트밸리를 따라 자리 잡은 호수들은 관개용수를 제공하며 일부는 민물이지만 염분을 함유한 곳도 있다. 고원은 동쪽으로 소말리아에 인접한 오가덴 사막으로 이어지며 서쪽으로는 수단과 국경을 마주하는 습한 저지대가 자리 잡고 있다.

기후

에티오피아는 평균적으로 고도가 높아 열대 지방에서 적도 바로 북쪽이라는 위치의 영향을 덜 받는다. 밤에는 기온이 서늘하며 우기에는 일반적으로 비가 매우 많이 내린다. 저지대 가장자리의 불안정한 기후는 식량 불안정의 원인이 되고 있다. 대우기[kremt]는 아디스아바바에서 6월 말에 시작되고 티그레이에서는 조금 더 늦게 시작되어 9월 중 점차 소멸한다. 외국인은 상당수가 우기 동안 에티오피아를 떠나지만 에티오피아의 농부들에게 우기는 농작물을 심는 매우 중요한 기간이다. 에티오피아 남부는 인도양에서 불어오는 계절풍의 영향을 받는다. 부활절 전후의 짧고 변덕스러운 소우기[belg]에도 재식이 가능하지만 다른 지역과 마찬가지로 기후 변화로 인해 강우량이

에티오피아에서 가장 높은 산으로 꼽히는 암하라 지역 아부네요세프산(Mount Abune Yosef) 주변 풍광

눈에 띄게 적어지고 평균 기온은 상승하고 있다.

에티오피아 기후는 세 가지 존으로 이루어진다. 높은 산 위의 서늘한 '데가존dega zone'의 낮 기온은 최저 0도까지 떨어지고 가장 더운 달에도 16°C를 넘지 않는다. '와인드가존weyna dega zone'은 16°C에서 30°C의 기온을 나타내며 야간에는 스웨터가 꼭 필요하다. 사막과 큰 강의 협곡 바닥에서 1,500미터 아래에 자리 잡은 '콜라존Kolla zone'의 낮 평균 기온은 27°C이다.

동식물상

인류는 에티오피아의 자연경관 중에서도 특히 북부지역에 큰 변화를 가져왔다. 원시림이 급격히 감소했고 리프트밸리는 심하게 손상되었다. 하지만 관찰하고 보호해야 할 대상은 여전히 많다. 생태계의 '섬'인 에티오피아는 고지대와 건조 지역의 특별한 생물뿐만 아니라 곡물, 커피와 같은 경제적으로 중요한 식량 작물을 비롯한 생물다양성을 발전시켜왔다. 베일 산맥은 소말리-마사이(아프리카의 뿔, 아프리카 대륙의 최동단 반도로 코뿔소의 뿔을 닮아 지어진 이름-옮긴이)로 알려진 식물 서식지의 중심지이다. 리프트밸리와 호수는 조류의 중요한 이동 경로이며 다양한 국립공원과 보호구역은 고유의 동물을 보호하고 있다.

아디스아바바 주변과 인근 마을에 압도적으로 많은 호주산 유칼립투스 나무는 주요 에너지 공급원이 되고 있다. 그러나 호주산 유칼립투스 나무는 에티오피아에 서식하는 7,000종이 넘는 식물 중 한 가지일 뿐이며 그중 약 12퍼센트는 그 지역 고유의 종이다. 초목 지대는 에티오피아의 복잡한 지형에 광범위하게 분포되어 있다. 이는 반사막 덤불에서부터 아카시아 삼림 지대, 습윤 산지림에 이르며 이곳에서 커피가 야생으로 자라기도 한다. 건조한 산지 숲에서는 나한송羅漢松뿐만 아니라 의학적으로 큰 의미가 있는 하게니아 아비시니카Hagenia abyssinica와 같은 웅장한 나무들이 자라고 있다. 에티오피아 풍토 식물이며 선명한 붉은색을 띠는 아칸서스는 이 지역에서 길가를 따라 자란다. 밤에 서리가 내리는 높은 고산지대에는 가시 돋친 관목 헬리크리섬 시트리스피눔Helichrysum citrispinum이나 거대한 나무 같은 로벨리아 린초페탈룸Lobelia rhynchopetalum과 같이 환경에 잘 적응한 식물이 살고 있다. 로벨리아 린초페탈룸의 오래된 잎은 줄기가 얼지 않도록 보호한다.

리프트밸리 호수는 동유럽과 남아프리카의 중요한 이주 통로 역할을 하는데 그 결과 에티오피아는 에리트레아와 더불어 아프리카에서 조류 관찰을 하기에 가장 좋은 장소로 꼽힌다. 알려진 조류의 종만 해도 850여 종이 넘으며 그중 약 20여 종은 에티오피아 고유종으로 에티오피아에 흔하며 자주 관찰된다. 검은날개모란앵무는 도시의 물가에서 발견되며 큰부리까마귀는 아디스아바바 근처 언덕에서 볼 수 있다.

에티오피아는 또한 300여 종이 넘는 포유류의 서식지이며 그중 약 55종은 지역 고유종이다. 다수의 국립공원과 보호구역이 이 동물들을 보호하기 위해 존재하고 있지만 인구와 가축의 증가로 일부 동물의 생존이 점점 더 힘들어지고 있다. 베일 산맥에서 쉽게 찾을 수 있는 에티오피아늑대$^{Canis\ simensis}$는 약 400마리가 살아남았으며 전 세계적으로 가장 희귀한 개로 꼽히고 있다.

서식지 파괴와 기후 변화는 강우량 유지를 위한 산림 보호와 더불어 에티오피아 정부가 해결해야 할 가장 중요한 환경 보전 이슈이다.

국민

에티오피아 국민은 아프리카와 중동에 뿌리를 둔 이들로 여러 독특한 민족과 부족으로 구성되어 있다. 서부의 큰 키를 자랑하는 닐로트족은 수단과 국경을 접하고 있다. 남부와 동부에는 쿠시어를 사용하는 이들이 다양하게 살고 있다. 남쪽에서 이주해 온 오로모족은 소를 사육하며 배타적이고 소말리아 유목민은 남동쪽 국경을 접하고 낙타를 사육한다. 북부에는 셈어를 사용하며 몸을 많이 움직이지 않는 암하라족과 기독교의 중심지를 자랑하는 티그레이인이 살고 있다.

이러한 인종적 공간적 분열을 뛰어넘어 귀족, 교회 또는 궁정을 기반으로 하며 역사적으로 중요한 엘리트층이 계층과 계급을 형성한다. 남녀가 집밖에서 서로 마주하는 일이 많은 까닭에 다른 마을 남녀와의 결혼이 일반적이다.

에티오피아에서는 8가지 언어가 사용된다. 암하라어는 연방정부의 공식 언어로 널리 통용되고 있다. 암하라어는 아랍어와 마찬가지로 모음에 별도의 표시가 있으며 음성 자음 체계를 사용하는 자체 문자를 가지고 있다. 하지만 아랍어와 달리 왼쪽에서 오른쪽으로 적는다. 최근 위임 정부하에서 현지 젊은이들은 토착어를 먼저 배우고 나서 영어와 암하라어를 배운다.

최근 몇 세기 동안 그리스, 아르메니아, 이탈리아를 비롯한 다양한 유럽인들이 에티오피아로 이주했고 그중 상당수가 에티오피아인과 결혼했다. 반면 악명 높은 데르그 정부하에서는 수많은 에티오피아인이 군부가 장악한 사회주의 정권을 피해 에티오피아를 탈출했고 미국과 유럽으로 각각 약 100만 명이 이주했다.

에티오피아 인구는 매년 약 200만 명이 늘어 약 2.5퍼센트의 인구성장률을 기록하고 있다. 2019년 기준으로 약 1억

1,300만 명의 60퍼센트가 25세 이하 연령대이다. 매년 인구가 급속히 늘고 있는 까닭에 에티오피아 정부는 개발 정책에 있어서 엄청난 도전과제를 해결해야 한다.

지역

【 티그레이 】

이 지역은 에티오피아 북부 고지대에 걸쳐 있다. 고대 악숨 왕국이 있던 이 지역은 19세기 지금의 에리트레아 고지대와 남부지역으로 갈라졌고 결국 에티오피아의 일부로 남게 되었다. 기독교 신앙과 티그리냐어는 티그레이 지역 내에서뿐만 아니라 국경 근처 에리트레아인과의 유대를 형성하는 기초이다. 악숨과 함께 티그레이 주변의 바위를 깎아 만든 교회와 같은 역사적 중심지는 관광객들에게 큰 인기를 얻고 있다. 주도州都는 19세기 후반 요하네스 4세가 설립한 메켈레이다. 지역사회에서 계단식 산비탈을 조성하고 식목 활동에 힘쓰면서 심각하게 황폐화했던 이 지역의 농경지가 되살아나고 있다.

【암하라】

암하라어를 사용하는 암하라주는 리프트밸리 서쪽, 에티오피아 중부 고지대의 곤다르, 고잠, 월로, 노스쇼아를 포함한다. 이 지역 주민은 대부분 기독교도이지만 월로에는 상당수의 이슬람교도가 거주하고 있다. 리프트밸리에 인접한 월로에서는 이슬람교도인 낙타 상인들이 언덕기슭에서 열리는 큰 시장에서 산악지방 사람들과 어울린다. 농업은 대개 소규모로 이루어진다. 타나호수 근처 녹음이 우거진 호반의 도시 바흐다르가

17세기 파실리다스 황제가 건립한 곤다르의 파실리다스성과 주변 요새는
유네스코 세계 문화유산으로 지정되었다.

암하라주의 주도이다. 다른 주요 도시는 월로의 데시, 북부의 곤다르가 있으며 앙코베르, 데브레 타보르와 같은 고대 유적 도시가 다양하게 자리 잡고 있다.

【 아파르 】

아파르어, 이슬람교, 낙타라는 세 가지로 축약되는 아파르 지역은 고지대 평원 동쪽의 덥고 건조한 저지대를 말한다. 한가운데를 관통하는 아와시강은 아파르 지역에 농작물 생산 가능성을 열어주지만 강물은 바다에 도달하지 못하고 지부티 국경 근처로 이어진 염수호를 거치면서 소실된다. 아파르 지역은 건기 동안 무역과 더불어 낙타를 고지대 초원으로 몰고 가는 유목민을 통해 이웃 지역과 교류한다. 기존의 주도였던 아사이타는 아와시강에서 비교적 물 공급이 원활한 중심지이다. 새로운 주도는 세메라이다.

【 하라르 】

하라르는 가장 규모가 작은 지역으로 고대 성벽 도시 하라르를 둘러싸고 있다. 커피와 차트(chat. 유럽 등에서 각성제의 원료로 쓰이는 식물-옮긴이)는 하라르 지역의 경제를 지탱하는 주요 작물이

성벽으로 둘러싸인 하라르시 주민들

다. 인구 대부분은 이슬람교도이지만 하라르 근처에는 중요한 기독교 순례지인 쿨루비마리암^{Kulubi Mariam}이 있다. 하라르는 아다르^{Adare}라고 부르는 고유 언어를 사용하는 고대 이슬람 유적지이다.

【디레다와】

아디스아바바와 더불어 또 하나의 특별시이다. 디레다와는 지부티-아디스아바바 철도 노선에서 하라르의 북서쪽에 위치하고 있다. 디레다와는 에티오피아에서 두 번째로 큰 도시이며 산업과 무역의 중심지이다. 디레다와에는 국제공항과 주요 열차역이 있으며 다양한 나라에서 온 외국인이 거주하고 있다.

【 소말리주 】

소말리아인이 거주하고 오가덴 사막을 포함하고 있는 소말리주는 아마도 외부인의 접근이 가장 어려운 지역이라고 할 수 있을 것이다. 주민 대부분은 낙타를 키우는 이슬람교도이며 유일한 수원은 베일 산맥에서 이어진 제날레강과 와베셰벨강이다. 이 지역은 사실상 평화롭고 독립적인 소말릴란드(옛 영국령 소말릴란드)와 혼돈이 계속되고 있는 소말리아(옛 이탈리아령 소말릴란드)에 인접해 있어서 에티오피아에서 가장 안보 문제가 심각한 지역이다. 주요 도시는 하라르 동쪽 지지가Jijiga이다.

【 오로미아 】

오로미아는 에티오피아에서 가장 큰 지역으로 오로모어를 사용하는 다양하면서도 가장 큰 민족 집단이 살고 있다. 북쪽으로 쇼아, 남쪽으로 케냐와 인접하며 웰레가를 비롯해 에티오피아 서부 지역 대부분을 포함한다. 아디스아바바가 주도이며 데브라자이트, 지마, 아다마(기존에는 나자렛으로 불림), 아셀라와 같은 큰 도시를 포함하고 있다. 베일 산맥과 리프트밸리의 동쪽 대부분이 오로미아에 포함된다. 오로모어는 방언이 많고 주민은 대부분 이슬람교도이거나 기독교도이며 특히 다양한 개신교 종파로 이루어져 있다. 이 지역에서는 여러 가지 종류의 농업이 이루어지고 있으며 리프트밸리에서는 유목민이 소를 사육하고 고지대에서는 커피 재배 및 농업이 주를 이룬다. 토지가 비옥하고 관개용수가 풍부해 앞으로도 발전 가능성이 크다.

【 남부 국가 민족 주(SNNP) 】

남부 국가 민족 주^{SNNP, Southern Nations, Nationalities, and Peoples Region}는 소규모 언어집단, 문화 및 종교의 다양성으로 인해 일반화하기 어려운 곳이다. 이 지역은 에티오피아 남서부 리프트밸리 남쪽의 서쪽 편 고지대를 가리킨다. 주목할 만한 지역으로는 구라게 고지대의 부타지라를 중심으로 한 구라게, 소도를 중심으로 한 웰라이타가 있으며 관광객들에게 인기가 많은 소규모 부족인 무르시족, 하마르족, 콘소족 등이 포함된다. 이 지역은 지마를 통해 도달할 수 있는 봉가 주변의 커피숲을 포함한다. 아와

하마르족 여성들

사 호수의 아와사가 주도이며 남부의 중요한 커피 재배 지역인
시다모로 가는 관문이다. 이 지역 역시 커피와 가축이 풍부하
고 리프트밸리 절벽의 더 높은 경사면에는 삼림이 울창하다.
이 지역 주민들은 개신교도가 많고 그 밖에도 가톨릭 기독교,

무르시족 소녀들

이슬람교 등 다양한 종교를 가지고 있으며 무교인 이들도 있다. 공식 언어는 암하라어이다. 가장 큰 지역인 시다모는 2019년 투표를 거쳐 자치 구역이 되었으며 시다모의 호숫가 도시인 아와사는 시다모와 SNNP의 공동 주도이다.

【감벨라】

바로강 감벨라 마을을 중심으로 한 감벨라 지역은 지대가 낮고 습하며 덥다. 이곳에는 주로 가축을 사육하는 유목민인 누에르족과 아누아크족이 섞여 살고 있다. 나일-사하라어를 사용하는 이들은 남수단과 국경을 접하고 있다. 이들은 전통적으로 비기독교도이지만 최근에는 개신교도가 늘고 있다. 바로강은 감벨라를 관통해 수단의 소바트강으로 이어지고 백나일강으로 연결된다. 감벨라 마을은 영국령 수단과의 주요 무역 항구였다.

【 베니샨굴-구무즈 】

에티오피아 북서쪽에 아바이강(나일강)이 가로질러 흐르는 베니샨굴-구무즈는 서쪽 고잠과 북쪽 웰레가에서 잘려 나온 곳이다. 대부분은 고지대이지만 수단 국경 방향으로 갈수록 지대가 낮아진다. 수단인과 더 공통점이 많은 베르타족, 구무즈족, 시나샤족을 비롯해 데르그 정권 기간 중 이주한 다수의 암하라족, 티그레이족이 살고 있으며 오로모족도 포함되어 있다. 이 지역은 60퍼센트 이상이 숲으로 뒤덮여 있는데 대나무, 유칼립투스, 고무나무, 소나무 등은 지역 경제에서 중요한 비중을 차지하고 있다. 주도는 아소사이다.

【 아디스아바바 】

아디스아바바는 자체적으로 시장을 선출하고 자체 행정 조직을 보유하고 있는 에티오피아에 있는 두 개의 특별시 중 한 곳이다. 아디스아바바는 에티오피아의 수도이기도 하며 400만 명이 넘는 인구가 거주하는 가장 큰 도시이다. 1887년 메넬리크 2세 황제는 오로모어로 핀피네라고 부르는 온천 주변의 아디스아바바를 수도로 지정했다. 황제의 아내였던 타이투 왕비는 아디스아바바의 온천에 매료되어 신흥도시에 아디스아바바(암하라어로 '새로운 꽃'이라는 뜻)라는 이름을 붙였다. 지역의 목재 공급이 고갈되기 시작한 뒤 1890년대 유칼립투스 나무를 들여오면서 수도를 다른 곳으로 옮기지 않을 수 있었다. 아디스

아디스아바바의 전경

아바바는 오로미아주에 둘러싸여 있다.

아디스아바바는 여러 개의 언덕뿐만 아니라 해발 2,100~2,700미터에 이르는 협곡에 걸쳐 있다. 5개의 주요 도로가 아디스아바바와 다른 주를 잇고 있으며 도시의 중심부인 메스켈 광장에서는 대규모 국가 행사가 열린다. 국립극장 주변을 중심으로 금융 중심지가 급속히 늘고 있으며 공항에서 가까운 볼레 지역은 화려한 쇼핑몰과 고급 주택의 집결지가 되어 밤 문화도 발달하고 있다. 순환도로와 도시 철도 노선이 들어서면서 이동이 편리해졌지만 교통체증이나 도로 폐쇄가 잦아 극심한 혼잡을 유발하게 되었다.

아디스아바바에는 초대형 재래시장인 메르카토를 중심으로 도시 내 이슬람교도를 중심으로 한 공동체가 형성되어 있다. 에티오피아의 다양한 민족들은 오랜 외국인 공동체와 한데 어울리는데 그중에서도 예멘인 공동체의 규모가 가장 크다. 짐승의 가죽에서부터 노트북 컴퓨터에 이르기까지 전통 물품과 새로운 상품의 무역과 상업은 신뢰를 바탕으로 이루어지며 몇 세대에 걸쳐 이어지기도 한다.

도시의 각 지역에는 전통적으로 부르는 이름이 있고 지도상 주요 도로에는 현대적인 이름이 붙여져 있지만 현대적 이름이 일반적으로 통용되지는 않는다. 길을 찾을 때는 GPS를 이용하거나 교회나 대사관과 같은 각 지역에서 두드러지는 장소를 참조해도 좋고 택시 기사에게 묻는 일도 가능하다.

에티오피아의 간략한 역사

에티오피아의 이야기는 인류의 탄생과 함께 시작되며 중동의 역사와도 매우 관련이 깊다. 그렇지만 아프리카의 산꼭대기라는 위치의 영향으로 독특한 기독교 군주제가 에티오피아 중심부에서부터 발전했으며 현대 국가에 들어서면서 21세기 표준에 맞게 적응하고 변화할 수 있는 기초가 되었다.

[인류의 요람]

에티오피아의 이야기는 인간이 형태를 갖추기 시작했을 수백만 년 전으로 거슬러 올라간다. 1974년 하다르의 리프트밸리에서 오스트랄로피테쿠스 아파렌시스(320만 년 전)에 속하는 딘크네시Dinkenesh('루시'로도 알려짐)가 발견되면서 아파르 지역은 고생물학적 유적의 발견에 있어서 중요한 지역으로 자리 잡게 되었다. 1992년 오스트랄로피테쿠스 라미두스(440만 년 전)의 화석이 아파르에서 또다시 발견되었다. 이들은 인류와 그 직계 조상 사이에 '소실된 연결고리'로 보인다. 일부 과학자들은 1997년에서 2003년 사이 발견된 두 발로 걷는 아르디피테쿠스 카다바(560만 년 전)가 인류의 더 이전 조상이었을 것으로 추정하기도 한다.

아파르와 오모밸리에서 발견된 인류가 만든 석기는 250만 년에서 260만 년 된 것으로 추정된다. 초기 인류는 처음에는 북쪽과 동쪽으로 이동해 다른 무리를 형성했고 그로부터 현대의 인종 그룹이 형성된 것으로 보인다. 에티오피아인이 청나일강에 붙인 기온Ghion이라는 이름이 창세기 에덴동산의 4개의 강 중 하나의 이름으로도 쓰였다면 인류 초창기 중에서도 가장 초기를 반영하는 것일까?

에티오피아의 고대는 전국의 수많은 암각화에서 볼 수 있고 그중 일부는 1만 년 된 것도 있다. 연대를 추정하기는 힘들지만 에티오피아는 초기 식물 순화와 곡물 다양성의 중심지로도 알려져 있다. 주요 곡물인 테프와 오일시드인 너그nug, 기장류인 차트chat와 커피 등은 외국산인지 토종인지와 관계없이 모두 고유의 변이를 거쳐 에티오피아 경작의 역사가 얼마나 오래됐는지 드러낸다.

　이집트의 기록된 역사의 연대기를 보면 기원전 약 3500년에 에티오피아에서 파라오로 보낸 물품이 언급되어 있다. 몰약, 금, 상아, 노예가 풍부해 '황금의 나라'로 알려진 홍해 남부의 이 지역은 티그레이나 소말리아 지역으로 추정된다. 기원전 4세기 초 이집트의 그리스계 프톨레마이오스 통치자들은 아둘리스의 항구를 구체적인 글로 언급했는데 이곳은 현재 에리트레아의 마사와에 매우 가깝다. 그리스인들은 에티오피아에 '불탄 얼굴의 땅'이라는 이름을 붙였다.

　지역 최초 문명의 흔적은 기원전 1천 년 중반에 나타났다. 악숨에서 동쪽으로 32킬로미터 떨어진 예하 지역의 석조 궁전과 건물들은 다른 수많은 유적지와 더불어 아라비아 남부 사바 지역의 문화와 종교, 언어, 건축 면에서 매우 유사하며 풍부한 특성을 보여준다.

　100년 전 탄생한 악숨 왕국은 홍해의 양안에 발을 들여놓은 부유한 무역국으로 내륙과 홍해를 통해 이집트로 나아갔고 남쪽으로 진출해 값비싼 상품을 쉽게 얻을 수 있었다. 악숨인들은 사바 문자에 기록했던 전례典禮용 언어인 게즈Geʽez와 유사한 셈어를 사용했다. 그들은 사바어 이름을 가진 다양한

신들을 숭배했으며 그
리스 신들과 동일시했
고 화폐를 주조했다.
또한 화려한 석조 궁
전을 지었으며 높은

5세기 악숨의 동전

돌기둥(수직 오벨리스크)을 세웠는데 그중 하나는 무게가 520톤이
며 높이는 33미터에 달해 석공이 만든 작품 중 가장 큰 석재
로 알려져 있다.

【 현대의 시작 】

현대의 에티오피아는 악숨 왕국을 기반으로 하는데 이들은
에자나왕이 통치하던 330년 무렵 기독교 복음을 받아들였다.
에자나의 동전과 도시 곳곳에 새겨진 글을 보면 기독교의 십
자가가 이교도의 상징을 대신한 모습을 볼 수 있다. 이런 방식
으로 에자나왕은 오늘날 에티오피아 국민이 가장 많이 믿는
종교를 결정했을 뿐만 아니라 셈어와 글자에 영향을 미쳤고
에티오피아가 지중해 동부와 지속적으로 관계를 맺는 과정에
큰 영향을 주었다. 악숨 왕국은 이슬람 세력 무역의 발달로 에
티오피아가 소외되던 8세기 쇠퇴했지만 그 시기의 특징은 오

늘날까지 이어지고 있다.

[봉건 국가의 부상 : 중세시대]

문서화되지 않은 무명 국가였던 에티오피아는 6세기를 지나면서 선진 군주국으로 부상했다. 때로는 티그레이를, 때로는 훨씬 서쪽이나 남쪽의 쇼아를 중심으로 발전하던 에티오피아 제국과 왕국은 그 후 수 세기 동안 흥망성쇠를 거듭했지만 서구 유럽은 크게 주목하지 않았다. 봉건주의적 형태는 국가를 조직화하고 전쟁에 군사를 조달하는 수단이었으며 정교하고 세련된 왕실을 중심으로 유지되었다. 서구 유럽은 십자군 원정 중 이슬람교도에 대항하는 동맹으로 에티오피아를 인정하기 시작했다. 이슬람교도로 둘러싸인 기독교 왕국의 통치자였던 사제왕 요한의 전설은 12세기 중반 유럽에 등장했다.

악숨 왕국에서 권력이 남부의 라스타로 이동하면서 자그웨 왕조의 군주는 900년에서 1270년 사이 권력을 확고히 했다. 이들은 아무런 문헌을 남기지 않았으며 이들의 가장 큰 업적은 예루살렘을 재현하기 위해 지은 랄리벨라 암굴 교회의 건립이었다. 후대의 황제들은 이스라엘 솔로몬 왕의 후손으로서 통치했으며 이들의 주장은 14세기에 쓰인 '케브라 나가스트 Kebra Negast('왕들의 영광의 책'이라는 뜻)'라는 이름의 삽화가 있는 문서로 증명되었다. 이 문서는 성경의 열왕기에 언급된 솔로몬의 부귀를 목격하기 위해 시바의 여왕이 예루살렘을 방문한 이야기를 에티오피아식으로 표현한 것이다. 케브라 나가스트는 솔로몬과 시바의 여왕 아들에 관한 이야기로 이어진다. 출처가 불분명하긴 하지만 이 아이가 에티오피아의 첫 번째 황제인 메넬리크 1세라고 전해진다. 메넬리크 1세는 하나님이 모세에게 주신 석판이 들어 있는 언약궤를 가져다가 에티오피아에서 안전하게 보관하기 위해 예루살렘의 솔로몬 신전에 보관했다고 한다. 오늘날 이 석판은 악숨에 있는 시온의 성모 마리아 성당에서 엄중히 보호받고 있으며 진위를 확인하는 일은 불가능하다.

이 시기는 강한 유대적 요소를 가진 기독교 사회로 학자들이 번성하고 수도원에서 읽고 쓰는 능력이 개발되었으며 예루살렘 순례로 유럽과의 교류가 늘어났다. 14세기 초 에티오피아는 30명으로 구성된 외교 사절을 스페인과 로마로 파견했고 1390년대에는 피렌체 상인이 에티오피아에 나타났다. 무술은 전국적으로 귀족만큼 높은 가치를 인정받았고 법정에서 영향력을 두고 다투었으며 황제의 전쟁을 지지해야 한다는 기대를 충족해야 했다. 이 시기 군림하던 왕조들은 놀라운 정치적 기술과 무예 및 용맹을 자랑하던 지도자들에게 크게 의지했다.

【 에티오피아의 기독교 유산 보호 】

16세기 이슬람 이웃 국가들과 에티오피아의 무역 경쟁은 악숨의 기독교 후예들의 패배로 이어질 수도 있었다. 이슬람교도 지휘관 중 가장 성공한 인물은 저지대 아달 토후국 출신인 모하메드 그란('왼손잡이'라는 뜻)이다. 오스만 제국에서 우수한 무기를 수입할 수 있었던 그는 지하드(성전, 聖戰)를 일으켜 1529년 레브나 뎅겔 황제를 물리쳤고 에티오피아 동부와 남부 대부분을 차지했다. 기독교 에티오피아는 동아프리카 해안에서 오스만 제국의 주요 경쟁자였으며 이전의 외교사절단을 통해 에티오피아에 알려진 포르투갈인들의 도움으로 구원을 받았다. 모하메드 그란은 1541년 마침내 패배하고 만다.

한편, 쿠시어를 사용하며 이교도인 오로모족이 고지대를 장악하기 위해 북부로 이주하기 시작했다. 이들은 에티오피아의 정치적, 인구통계학적 측면에 새로운 면모를 추가했고 에티오피아 남부와 서부의 민족 구성을 완전히 바꾸어놓았다.

1557년 포르투갈의 예수회 선교사들이 도착했다. 이들은 지금도 타나호 근처에서 볼 수 있는 화려한 교회와 건물을 통해 선교를 시작했지만 1632년 파실리다스 황제에 의해 즉결 추방되었고 그의 후계자는 가톨릭 개종이라는 실수를 저지르고 말았다. 이때 외국인의 입국은 금지되었다. 18세기 초부터 테워드로스 황제의 즉위까지는 성서 용어로 혼란스러운 '판관의 시대(메사펜트 mesafent)'로 내분이 끊이지 않았고 황제의 중앙 권력이 약화되는 결과를 초래했다.

【 19세기와 현대화의 시작 】

서양에서 온 군벌은 1855년 테오드로스 황제로 즉위했고 외관상으로 질서의 시대가 도래했다. 테오드로스 황제는 국가 통합을 제시했고 군사, 토지, 교회 개혁 계획을 세웠다. 황제는 특정 외국인들과 좋은 관계를 유지했지만 안타깝게도 조울증과 편집증에 시달리고 있었다. 1868년 그가 산꼭대기에 포로로 수용 중이던 외국인들을 구하기 위해 영국군이 파견되자 테오드로스 황제는 막달라에서 스스로 생을 마감했다.

이 무렵 에티오피아는 유럽 및 오스만 제국주의의 행진으로 국제 사회에 등장하게 되었다. 에티오피아는 또한 총을 비롯한 물자를 국제 사회로부터 조달해야 했다. 테오드로스 황제의 후계자인 티그라얀 요하네스 4세는 1889년 갈라바트에서 수단인 마흐디스트에 의해 살해되었다. 이 일을 계기로 기회를 얻은 남부의 쇼안왕은 메넬리크 2세로 즉위했다(메넬리크 1세는 이스라엘 솔로몬의 아들이었다). 그의 첫 번째 대결 상대는 이탈리아였고 곧이어 지금의 에리트레아를 장악했으며 에티오피아로의 진출을 열망했다. 1896년 아두와 전투에서 메넬리크 2세는 더 우수한 장비를 보유했지만 수적으로는 열세였던 군대를 상대로 승리했고 유럽의 권력은 양측에 명백히 영향을 미쳤다. 메넬리크 2세는 그 후 영토 확장으로 관심을 돌려 남부, 서부, 동부로 밀어붙였고 프랑스의 영토 확장이라는 야망에 맞섰으며 현재 지부티, 소말리아, 케냐에 해당하는 영국의 식민지 세력에 대항했다.

메넬리크 2세는 자신의 제국이 안정되자 근대화로 관심을 돌렸다. 새로운 수도인 아디스아바바는 기독교 에티오피아의 최남단에 설립되었고 에티오피아의 중심지가 되었다. 이전 통치자들과 마찬가지로 메넬리크 2세는 유럽인 고문을 선정하는 데 심의를 기울였다. 어떤 국가에도 지나치게 의존하지 않으려고 애썼으며 이후 통치자들도 이 선례를 따랐다. 그는 특히 스위스인 고문인 알프레드 일그를 헌신적으로 대하면서도 철도 건설을 위해서는 프랑스인을 이용했고 첫 번째 병원을 짓는 과정에서는 러시아인을 활용했다. 또한 이탈리아인의 도움을 얻어 아디스아바바에 첫 번째 도로를 건설했고 영국인

메넬리크 2세

을 이용해 은행을 지었다.

【 에티오피아의 마지막 군주였던 하일레 셀라시에 황제 】

그의 선조들과 마찬가지로 20세기 초반 하일레 셀라시에 황제의 등극은 피로 얼룩진 분쟁의 결과였다. 1913년 메넬리크 2세가 사망하고 그의 손자였던 이야수는 1916년 폐위되기 전까지 불안한 정권을 유지했다. 메넬리크 2세의 딸 자우디투는 황후가 되었지만 실질적 권력은 섭정의 자리에 오른 사촌 라스 터퍼리에게 있었다. 라스 터퍼리는 1916년 사갈레에서 이야수의 부친 미카엘을 상대로 한 전투에 승리하고 권력의 발판을 마련했다. 하라르의 프랑스인 선교사에게 교육받았던 라스 터퍼리는 총명하고 재능있고 외부 세계에 정통했다. 라스 터퍼리는 1930년 마침내 하일레 셀라시에 황제로 즉위했다.

라스 터퍼리는 각국 자문가의 도움으로 또다시 진보적인 프로젝트를 선동했다. 그는 군대 훈련을 위해 러시아인을 고용하고 1923년 노예제를 폐지했으며 에티오피아를 국제연맹에 가입시켰다. 하지만 1935년 후반 아드와 전투의 패배를 설욕하려는 이탈리아인들이 에티오피아를 점령하기 위해 잔혹한 전쟁을 일으키면서 모든 진보적 움직임은 중단되었고 하일레 셀라시에 황제는 영국으로 망명했다. 하지만 이탈리아는 시골 지역의 저항을 극복하지 못했고 자신들이 의도했던 바 대로 에티오피아 전체를 식민지화하는 데 결국 실패했다.

이탈리아가 제2차 세계대전에 가담하자 영연방과 에티오피아 패트리엇 군은 1941년 사방에서 이탈리아를 공격했다. 하일레 셀라시에 황제는 5년 전 자신이 수도를 떠났던 5월 5일

1930년부터 1974년까지 에티오피아를
통치했던 하일레 셀라시에 황제

성공적으로 복귀했다. 황제는 자신의 권위를 회복해야 했다. 하지만 불행하게도 서구에서 교육받은 엘리트 대부분이 살해되거나 망명한 까닭에 근대화를 다시 시작하는 일은 더 힘들어지게 되었다. 셀라시에 황제는 새로운 헌법을 제정했고 형법과 민법을 다시 썼다. 대외 관계에 있어서 미국을 비롯한 서구 국가와 더 가까워지게 되었다. 냉전 기간 중 셀라시에 황제는 유엔

과 함께 한국전쟁과 콩고에 군대를 파견했다. 1960년대 하일레 셀라시에 황제는 아프리카의 탈식민지화를 지지했고 넬슨 만델라가 에티오피아에서 군사 훈련을 받을 수 있도록 지원했다. 그는 아프리카 통일기구(지금의 아프리카 연합) 형성에 중요한 역할을 담당했으며 1963년 아디스아바바에 아프리카 통일기구 본부를 설립했다.

하지만 하일레 셀라시에 황제는 북부의 에리트레아에 향후 문제가 될 씨앗을 심고 말았다. 이탈리아가 1941년 전쟁에서 지고 난 뒤 영국 군부는 유엔이 에리트레아를 에티오피아 연방으로 결정 내린 1952년까지 에리트레아를 관리했다. 1962년 하일레 셀라시에 황제는 에티오피아의 통치를 뿌리치기 위해 등장했던 에리트레아 독립운동을 저지하기 위해 에리트레아 의회를 해산하고 에리트레아를 에티오피아의 14번째 주로 공식 합병했다.

하지만 하일레 셀라시에 황제는 공산주의 세계와 관련 있는 신지식인과 전통 세력 사이의 힘의 균형을 조절하는 데 실패하고 말았다. 1960년 쿠데타 시도가 있고 나서 1964년 오가덴 지역을 두고 소말리아와 값비싼 전쟁이 이어졌고 1972년 기근에 허덕이게 되면서 1974년 마침내 하일레 셀라시에 황제는 군대 내의 급진 세력에 의해 축출되었다.

【 마르크스주의 (1974~1991) 】

하일레 셀라시에 황제가 축출된 후 멩기스투 하일레 마리암이 데르그로 알려진 마르크스주의 임시 군사 행정 위원회[Marxist Provisional Military Administrative Council]의 지도자로 부상했다. 멩기스투 하일레 마리암은 1991년 스스로 물러날 때까지 14년간 에티오피아를 이끌었다. 데르그에 대한 반대는 즉각적이었다. 지식인들이 거리로 몰려나왔고 붉은 테러[Red Terror]로 알려진 데르그의 강력한 탄압이 시작되면서 수천 명이 사망했다. 교육받은 에티오피아인들은 또다시 살해되거나 추방당했다.

데르그 통치에 대한 반대 세력은 지방에서도 점점 커졌다. 에리트레아, 오로모, 티그레이인뿐만 아니라 오가덴의 소말리아인이 분리주의 운동을 시작했다. 중앙 정부에 대한 불만은 데르그 통치 세력의 경제에 대한 압박, 그로 인한 식량 부족, 재정착 프로그램에 대한 불만, 월로와 티그레이 지역에서 1984년부터 85년까지 이어진 극심한 가뭄으로 인해 더욱 가중되었다. 수년간 이어진 내전 이후 1991년 5월 에리트레아와 미군의 지원을 바탕으로 멜레스 제나위가 이끈 게릴라 부대가 아디스아바바로 진입하면서 에티오피아를 위한 급진적이고 새로운 움직임이 등장했다.

데르그 통치 세력이 사회주의 이상을 통해 에티오피아의 발전에 이바지했다고 인정받는 두 가지는 아이들을 위한 초등 교육 확대와 지주의 지배에서 농민을 해방한 일이다. 소농들은 처음으로 전국으로 확대 설치된 케벨레^{kebele}(지역 의회)를 통해 목소리를 낼 수 있게 되었으며 케벨레는 오늘날에도 여전히 존재하고 있다.

【 멜레스 제나위와 종족 연방주의 (1991~2012) 】

티그레이 해방 운동을 주도했던 멜레스 제나위는 1991년부터 2012년 사망할 때까지 인민 혁명 민주 전선^{EPRDF}의 지도자를 역임했다. 에티오피아 내 각 지역 정당 세력으로 구성되었던 EPRDF는 데르그 정부를 타도하기 위해 힘을 합쳤다.

멜레스 제나위의 가장 중요한 정책은 에티오피아 각 지역의 경계를 민족과 언어를 바탕으로 개정한 일이다. 에리트레아는 1993년 마침내 국민 투표를 거쳐 독립을 얻게 되었다. 두 가지 정책의 영향력은 오늘날에도 견고히 유지되고 있다.

양국 지도자는 매우 유사한 정교회 기독교인 출신이며 티

멜레스 제나위, 2012

그리어를 사용하고 양국 출신의 부모에게서 태어났으며 처음에는 잘 협력했다는 공통점을 가지고 있었다. 하지만 멜레스와 그의 대항마였던 이사이아스 아프워키의 갈등은 금세 깊어졌다. 1998년 인구가 적고 불모지이며 분쟁 중인 국경 지역에서 전쟁이 발발했다. 치열한 참호전이 2년간 이어졌고 양국에서 수천 명의 사망자가 발생했으며 양국의 국고는 무기 대금 지급으로 고갈되었다. 2000년 평화 협정이 성립되었지만 국경은 폐쇄된 채로 남았다.

종족 기반 연방주의는 에티오피아의 다양한 부분을 통치하는 데 여전히 논쟁의 여지가 있는 해결책이다. 법과 질서에 대한 개인적이고 강력한 권한을 가지고 있었던 멜레스 정부에서는 긴장이 억제되었다. 그러나 이로 인해 에티오피아 일부 지역에서 각자의 주장이 커진 까닭에 멜레스의 후계자 두 명은 고초를 겪었다.

멜레스는 또한 경제 개혁가로 권력을 얻었다. 그는 농업이 주도하는 발전을 도모했고 성과를 얻었다. 경제가 빠르게 성장하면서 시골 도로와 수력발전을 위한 댐 건설 붐은 그의 이상을 증명했다.

2012년 멜레스가 갑작스럽게 사망하면서 EPRDF 연합의 파트너였던 하일레마리암 데살렌이 권력을 쥐게 되었다. 그는 갈수록 불안정이 가중되는 지역 문제를 해결해야 했는데 그중에서도 고향을 떠난 에티오피아인들이 오로미아에서 일으킨 소동은 치명적인 결과를 유발하기도 했다. 결국 2018년 하일레마리암은 자발적으로 사임했고 EPRDF 연합의 또 다른 구성원이었던 아비 아머드가 권력을 쥐게 되었다.

【 아비 아머드, 중재자이자 조정자 (2018~) 】

짐마 근처 오로모 선거구를 대표하는 개신교 기독교인 아비 아머드는 취임한 지 불과 18개월 만에 2019년 10월 노벨평화상을 수상했다. 국제무대에서 그의 성공은 대체로 극찬을 받고 있지만 에티오피아 내에서의 입지는 중의적이다.

아비 아머드는 권력을 쥐자마자 영토 포기에 동의함으로써 에리트레아와의 국경 분쟁을 해결하기 위한 노력을 시작했다. 그의 성공은 국경 양쪽 수천 명의 국민에게 환영받았지만 문제는 쉽게 해결되지 않았고 국경은 다시 한번 폐쇄되었다. 2019년 아비 아머드는 수단에서 또 다른 평화 협정을 중재했고 수단의 임시 군사 정부는 민정에 찬성하고 물러나기로 동의했다.

에티오피아 내부의 반대 움직임도 같은 비대립적 방식으로 해결되었다. 아머드는 비상사태를 해제하고 재소자 석방을 명령했으며 망명한 반체제인사들의 귀국을 허용했다. 또한 웹사이트와 TV 채널에 대한 차단을 해제해 사회적 분위기를 완화했으며 국민이 말과 글을 통해 더 자유롭게 표현할 수 있도록 했다. 그리고 2019년 12월 에티오피아 번영당이라는 이름의 새로운 정당이 창설되었다.

에티오피아 각 지역에 동일한 정의를 제공하기 위해 탄생한 종족 연방주의는 아흐메드 집권 초기 분열을 피하기에는 너무 깊이 국민 생활에 침투한 상태였다. 2019년 11월 SNNP의 일부였던 시다마 지역 주민들은 반독립적 지역 국가를 형성하기 위해 투표를 진행했다. 다른 지역 역시 이 움직임을 따르게 될 수도 있다. 2019년 오로미아에서 일어난 폭력 시위는 에티오피아 국민에게 큰 충격을 주었고 민족성보다는 공통된 역사를 더 생각하는 에티오피아인의 정체성을 찾기 위한 새로운 움직임을 자극했다.

정부와 정치

에티오피아를 통치하는 기술은 항상 중앙집권적 권위와 지역 권력의 균형을 맞추는 일이었다. 국가를 통합하고 모든 지역을 만족시키는 과제가 수월했던 적은 단 한 번도 없었다.

1995년 제정된 새로운 헌법에 따라 의회는 5년 임기로 선출된 547명의 선거구 의원으로 구성된 인민의회와 각 지역에서 뽑힌 110명의 의원으로 구성된 연방의회로 나누어졌다. 대통령은 양원 합동 회의에 따라 6년 임기로 선출되고 총리는 인민의회의 다수에 의해 선출된다.

행정상 에티오피아는 민족을 기반으로 나눈 10개의 지역과 2개의 특별시로 나뉜다. 그리고 지역은 다시 구역^{zone}, 웨레다^{woreda}, 케벨레^{kebele}(지방 자치 의회)로 나뉜다.

사법부는 공식적으로 독립적이며 법무부에서 관리한다. 법적 관할권은 연방정부와 지역의 각 주가 공유한다. 연방 대법

원장은 총리가 추천하며 인민의회가 임명한다. 나폴레옹 법전에 기초한 민법, 형법, 상법은 하일레 셀라시에 황제의 통치하에 도입되었으며 전통적 에티오피아 법의 다양한 면을 통합하고 있다. 인권과 사법부의 독립과 같은 자유주의적 가치가 헌법에 명시되어 있다. 계약법, 재산법, 회사법 그리고 무역법 또한 서양적 가치를 반영한다. 국가와 국민을 특정 권리의 주체로 인정하는 것, 토지의 공공 소유권과 같은 헌법의 측면은 에티오피아 특유의 내용이다. 사법제도는 잘 발달되어 있지만 많은 사람들은 사법부가 경험과 훈련이 부족하다고 생각한다.

경제

에티오피아 경제는 주로 소작농업에 기반을 두고 있다. 에티오피아는 높은 인구증가율과 외환 부족으로 어려움을 겪고 있다. 데르그 시대의 마르크스주의 모델은 "개발국가"로 대체되었고 정부는 경제의 다른 부문을 자유화하면서 항공사나 통신과 같은 주요 인프라를 통제하고 있다. 소상공인에게 더 나은 인프라를 제공하기 위한 농촌 도로 건설, 관개, 에너지 투자와 같은 농업 주도 개발을 시작으로 일련의 성장과 전환 계획GTPs, Growth and Transformation Plans은 경제를 더 큰 다양성과 산업화로 이끌고 있다.

민간 투자가 부분적으로 자유화되었고 지금은 특히 원예와 커피 재배가 더 상업적 농업으로 운영되고 있다. 지역 대학과 기술대학의 광범위한 확장은 주요 도시 주변 상업 및 산업단지 조성과 일맥상통한다. 제약, 가죽, 섬유 산업에 대한 중국과 터키의 투자는 이러한 성장의 많은 부분을 부채질했다. 관광업 또한 성장하고 있다.

지난 20년 동안 에티오피아의 경제 성장률은 외부인들에게 깊은 인상을 주었고 빈곤 수준은 인구의 55퍼센트에서 30퍼센트로 떨어졌다. 그러나 경제는 여전히 소작농업에 주로 의존하고 있으며 국제 수지 적자 역전에는 아무런 진전이 없었다. 정부가 에티오피아에 필요한 외환을 조달할 수 있는 개인 투자자에게 이 부문을 개방하려고 함에 따라 일부 공익사업의 국가 소유 원칙이 침해되고 있다. 또한 심각한 외환 부족으로 인해 인프라 개선을 위한 비용 지불이 어려운 상황이다.

기후 변화가 농업에 심각한 영향을 미칠 것으로 예상되는 상황에서 GTP는 기후 회복력에 중점을 두고 이 문제를 해결하려고 노력해왔다.

모든 농경지는 1975년 국유화되어 지금도 유지되고 있지만 농민은 사용권을 가지고 있어 타인의 재산을 이용하고 이익을 얻을 수 있다. 외국인과 현지 투자자들은 지역에 따라 최대 40년간 토지를 임대할 수 있다. 일부 투자자는 임대 계약을 시행하는 데 어려움을 겪기도 했다. 커피, 차트, 소, 곡물, 가죽, 오일시드, 콩, 면화, 사탕수수, 자른 꽃, 양, 염소, 생선 등의 농산물은 GDP의 약 40%를, 수출의 약 80%를 차지한다.

커피, 참깨, 강낭콩, 옥수수, 밀을 위한 에티오피아 상품거래소(ECX)가 2008년에 문을 열었지만 고품질 커피는 ECX를 통과하지 않아도 된다. 아직 증권거래소는 없는 상태이다.

에티오피아는 아바이강(청나일강), 테케제강, 오모강, 아와시강의 수력발전 계획을 통해 (내수와 수출에 충분한) 30,000메가와트의 전기를 생산할 수 있는 잠재력을 가지고 있다. 그러나 작은 마을에 전기를 공급하기 위한 기반시설은 낙후되어 있고 국민 대부분은 유칼립투스 나무를 태워 요리에 이용한다. 모든 연료 오일은 수단과 지부티에서 수입한다.

금은 에티오피아에서 채굴되는 가장 귀중한 광물이며 건설을 위한 질 좋은 저부가가치 광물 또한 많이 매장되어 있다. 미국과 유럽에 거주하는 에티오피아인들은 상당한 양의 경화硬貨를 에티오피아로 송금하고 있다.

국제 관계

에티오피아인은 항상 그들에게 유리한 방향으로 외국의 영향력을 균형 있게 조절하려고 노력해왔다. 예를 들어 에티오피아는 이스라엘, 아랍의 여러 국가, 중국, 러시아뿐만 아니라 미국, 유럽연합과 긴밀한 관계를 유지한다. 아디스아바바는 아프리카의 외교 중심지로 아프리카 연합의 본부를 두고 있어서 모든 아프리카 국가들은 아디스아바바에 외교사절단을 파견하고 있다. 유엔 아프리카 경제위원회ECA는 메스켈 광장의 역사적인 아프리카 홀에 자리 잡고 있다. 에티오피아 역시 이 지역의 다른 이웃 국가와 마찬가지로 급진적인 이슬람교도에 대해 우려하고 있다. 급진적 이슬람 세력은 소말리아와 남수단의 평화 유지 문제에 관여하고 있다. 에티오피아와 에리트레아의 관계는 1998년부터 2000년까지 에티오피아-에리트레아 국경 전쟁 기간 분열되었지만 현재는 회복되고 있다. 에티오피아는 비록 논란이 끊이지 않는 상황이지만 이웃 소말리아의 공식 정부를 지지한다. 또한 국제적으로 인정받지 못한 소말리아 공화국(옛 영국 식민지)뿐만 아니라 지부티, 수단, 남수단과도 긴밀한 관계를 유지하고 있다. 나일강의 수원은 에티오피아와 이집트 관계에서 끊임없이 논의되고 있는 주제이다.

02

가치관과
사고방식

현대의 에티오피아는 아프리카의 뿔에 있는 높은 산 고원과 그 아래에서 다양한 민족이 섞여 살아가는 오랜 역사를 가진 고대 왕국의 산물이다. 한때 제국이었던 에티오피아는 오늘날에는 크고 작은 지역적 하위문화를 포용하고 하나로 묶어 독특한 공통의 문화를 가진 국가들의 연합이다.

민족 주체성

현대의 에티오피아는 아프리카의 뿔에 있는 높은 산 고원과 그 아래에서 다양한 민족이 섞여 살아가는 오랜 역사를 가진 고대 왕국의 산물이다. 한때 제국이었던 에티오피아는 오늘날에는 크고 작은 지역적 하위문화를 포용하고 하나로 묶어 독특한 공통의 문화를 가진 국가들의 연합이다.

4세기에 기독교로 개종한 이후 고지대 에티오피아인들은 오늘날에도 교회에서 사용되는 독특한 문자와 함께 고대 공용어인 게즈로 쓰인 책에 기반한 법과 도덕 철학의 전통을 공유해왔다.

19세기에 제국이 역사적인 중심지의 남쪽, 서쪽, 동쪽으로 확장되었을 때 에티오피아는 이슬람교도와 이교도 민족들을 끌어들였고 개신교와 가톨릭 기독교를 추가했다. 20세기의 급속한 근대화는 서구의 민주주의적 가치와 함께 그 이전에도 풍요로웠던 에티오피아 문화에 이바지했다.

그렇다면 에티오피아인이라는 뚜렷한 특성을 나타내는 암하라어 단어인 '이토피아윈트Ityopyawinet'는 무슨 뜻일까? 에티오피아 사람들은 알아채기 쉽고 정의하기는 어렵다. 많은 이들에게 에티오피아인이라는 사실은 겸손, 공손함, 인내의 미덕을 실천하는 풍부하고 혼합된 문화의 일부가 된다는 뜻이다. 누군가는 에티오피아인을 그들이 공유하는 차이점보다는 그들이 공유하고 있는 역사에 관련지어 생각한다. 에티오피아의 문화에 이바지하는 각 요소의 장단점을 인식함으로써 에티오피아인들은 민족정신으로 협력할 수 있다. 그런 까닭에 에티오피아인들은 서로 매우 경쟁적일 수 있다. 비록 에티오피아인은 그들의 혼합된 문화를 매우 자랑스러워하고 관광객이나 낯선 사람을 환대하면서도 또한 비밀스럽게 보일 수도 있고 외국인이나 다른 인종을 경멸하는 태도로 대할 수도 있다. 에티오피아 사람들은 깊은 관계를 중요시하지만 관계를 지속하는 데 어려움을 겪는다. 그들은 쾌활하고 관대할 수 있지만 인간 본성에 대해 매우 비관적인 견해를 가지고 있다. 에티오피아 사람들은 배신에 거의 놀라지 않으며 서로 간의 개인적 불화를 수십 년 동안 유지할 수 있다. 그들은 종종 팀 플레이어라기보다는 개인주의적이고, 직관적이기보다는 체계적이며, 창의적이기보다는 지적이다. 요컨대 그들은 역설의 미묘함을 잘 이해하지만 모순과 씨름한다.

에티오피아의 문화

【 암하라인 】

노련한 암하라인은 대단한 정치적 통찰력을 가지고 있으며 인내와 기술로 자신들의 모서리를 지킨다. 암하라인은 전통적인 지배 계급이다. 암하라인이 말하는 암하라어는 수 세기에 걸친 전통과 독자적인 문자를 가지고 있는 민족 언어이다. 이들은 또한 상당히 모호한 경향이 있다. 암하라인은 때때로 오만하고 충동적이기도 하다.

암하라인은 '밀랍과 금'이라고 일컬어지는 명시적 의미와 숨겨진 의미를 가진 영리하고 짧은 시를 쓰는 전통을 가지고 있다.

【 구라게인 】

리프트밸리의 서쪽 절벽 고지대에 사는 구라게인은 무역업자이며 돈의 가치를 알고 있다. 이들은 쉽게 속지 않고 아디스아바바에 있는 가게 대부분을 소유하고 있다. 구라게인은 또한 채소 재배 부문을 장악하고 있다. 엔셋enset이라고 불리는 에티오피아 바나나 나무는 구라게인의 주요 식량원이며 잎과 수염뿌리는 매우 다양하게 일상적이고 의식적인 용도로 이용된다. 구라게인은 셈어를 사용하며 지금의 에리트레아 지역인 구라 출신이다.

【 오로모인 】

다양한 씨족을 가진 오로모인은 한 가지 언어를 사용하지만 다양한 차이점이 쉽게 발견되는 까닭에 일반화하기 어렵다. 이들은 근면하고 충직하며 재미를 좋아하는 것으로 널리 알려져 있으며 자연계와 친화력이 뛰어나며 뛰어난 기마술로 칭송받는다. 오로모인은 에티오피아의 가장 큰 공동체를 형성하고 있으며 가다^{gada}로 알려진 평등주의 윤리 체계와 합의의 전통에 자부심이 있다. 오로모인은 최근 더욱 뚜렷한 민족의식을 드러내고 있으며 많은 방언을 가진 그들의 언어는 최근 르네상스를 누리고 있어 현재 오로미아 주 전역에서 사용되고 있다.

【 티그레이인 】

티그레이인은 그들의 땅을 에티오피아 기독교와 문명의 요람으로 보는 까닭에 자녀들에게 '마리아의 종'(가브레 마리암)과 '삼위일체의 힘'(하일레 셀라시)이라는 이름을 붙이기도 한다. 티그레이인은 다른 에티오피아인과의 관계를 능숙하게 관리하는 방법을 통해 역사적으로 살아남았다. 그들의 언어는 고대 게즈에 가장 가까우며 국경을 넘어 에리트레아 고지대에서도

티그레이족 농부

통용된다. 이들의 영토는 에티오피아에서 가장 오래된 도시이
며 기독교의 수도인 악숨을 포함하고 있다. 티그레이에는 벳
사마티와 예하를 포함해서 악숨 이전의 수많은 고고학 유적
지가 있다.

【 기타 종족 】

현대 에티오피아를 구성하는 다양한 민족 이외에도 술탄 또는
추장이 통치하는 무슬림 전통을 가진 소말리인, 아파르인, 아

에티오피아 남부 오모 밸리의 카로 마을 여인

데레스인이 있다. 서쪽의 감벨라인과 베니 샹굴인, 남쪽의 시다모인과 웰라이타인, 그리고 남쪽의 다른 작은 나라들은 물활론적 전통을 가지고 있지만 지금은 개신교를 받아들이고 있다.

외국인에 대한 시각

에티오피아인은 백인을 상대할 때 "프랑크인"을 의미하는 아랍어 '페렌지[ferenj]'로 애정을 듬뿍 담아 부른다. 에티오피아 사람들은 종종 페렌지와 진정한 우정을 형성하는데 백인들은 이러한 관계를 유지하려면 충성심과 직접 접촉이 필요하다는 사실을 깨닫게 될 것이다. 아시아인, 다른 아프리카인, 아랍인과 더불어 에티오피아인과 결혼했거나 혼혈이며 암하라어를 유창하게 구사하는 그리스인, 이탈리아인, 아르메니아인은 외국인 취급을 거의 받지 못한다. 에티오피아인은 외국인과 어울리는 일을 즐기면서도 외국인의 의도를 경계하기도 한다. 일부 지역에서 페렌지는 호기심이나 조롱의 대상이 될 수 있지만 이런 경향은 점점 나아지고 있다. 북아메리카와 유럽에 거주하고 있는 에티오피아인의 숫자가 늘어나면서 점점 더 많은 에티오피아인이 이해심을 바탕으로 외국인을 대하게 되었다.

단기 체류 외국인, 외교관, 관광객을 악용해도 괜찮다는 인식도 줄고 있다. 큰 호텔 주변에는 외국인이 호의를 베풀 때까지 보내주지 않거나 문 앞에서 무자비하게 붙드는 사기꾼이 많기로 악명이 높다.

국경과 이웃에 대한 태도

에티오피아의 국경은 대부분 외부로부터의 침입이 가능했고 국경이 표시되지 않은 곳도 있었다. 동쪽으로 지부티, 소말릴란드, 그리고 소말리아에 사는 소말리아인은 에티오피아 인구의 6%를 차지하는 에티오피아 소말리아 지역과 지속적으로 교류한다. 소말리아인은 에티오피아 시민으로 인정받고 있으며 아디스아바바에는 수천 명의 소말리아인이 살고 있다.

마찬가지로 에티오피아 감벨라 지역을 대표하는 남수단의 누에르족과 아누아크족 역시 아디스아바바에 많이 살고 있으며 에티오피아 시민으로 인정받고 있다.

남쪽의 케냐는 우호적인 이웃 국가로 인식되고 있고 보라나족과 소말리아족이 양국에서 국경을 맞대고 있지만 케냐의 심장부는 다른 나라로 인식되고 있다.

에티오피아와 북쪽의 에리트레아와의 관계는 형제 간의 경쟁과 비슷한 특성을 보인다. 에리트레아는 에티오피아의 이웃 국가 중 가장 가까울 수도 있지만 가장 적대적인 관계라고 볼 수도 있다. 양국은 1998년부터 2000년까지 값비싼 전쟁을 치렀다. 한때 에티오피아 국경의 일부였고 이탈리아의 식민지였으며 1951년부터 1991년까지 '조국과의 불행한 재결합'의 시기를 보냈던 에리트레아는 에티오피아의 티그레이와 문화, 기독교 교회, 요리, 언어를 공유하고 있다. 에리트레아인 중 상당수가 에티오피아에 살고 있으며 에티오피아인과 원만하게 통합을 이루며 살아가고 있다.

종교적 전통과 현대적 열망

에티오피아 문화에는 항상 보수적인 종교적 가치와 제메나위zemenawi, 즉 '현대적'이 되고자 하는 열망 사이의 긴장이 존재해왔다. 종교적 믿음이 강한 사람이 많고 독실하지 않은 사람들도 종교에 관대하며 존중하는 태도를 보인다. 정교회와 이슬람교 모두 인내심이 강하고 운명론적이며 참을성 있는 에티오피아인의 특성을 형성하는 데 큰 역할을 했다. 그럼에도 특히 통치자들이 주도한 현대화에 대한 오랜 세월에 걸친 믿음과 깊은 신념은 교회와 이슬람교 사원이 근대화의 장애물이었다는 희미한 의혹과 결부되어 있다.

에티오피아인 중에는 해외에서 살면서 교육을 받고 자신들의 물질적인 환경을 개선할 수 있기를 갈망하는 이들이 많다. 왕정 시대 젊은 지식인들은 해외로 나갔다가 귀국하여 변화의 아버지이자 현대화의 대리인이 되기로 결심했다. 오늘날 많은 에티오피아인은 서구 세계의 주요 도시에 자리 잡은 친척의 도움을 얻어 그곳에 영구적으로 정착하려고 노력하고 있다. 특히 특유의 공동체가 형성되어 있는 북미로 가는 이들이 많다.

이 새로운 디아스포라(흩어진 사람들-옮긴이)는 고향에 머무는 에티오피아인들에게 여러 가지 면에서 영향력을 미치고 있다. 해외의 에티오피아인들은 부러움과 동경의 대상이면서도 야당 정치인들을 지지하는 자금의 주요 조달자이기 때문이다. 에티오피아에서 서구화 성향이 점점 더 강해지면서 물질만능주의가 확산하고 개신교 역시 급속히 성장했다.

교육

에티오피아인은 늘 교육에 큰 가치를 부여해왔다. 글을 읽고 쓰는 능력은 한때 정교회의 전유물이었지만 지금은 전국적으로 보편화되어 있다. 실제로 데르그 정부의 성공 중 하나로 대

체로 인정받고 있는 측면은 인구의 문맹률 수준을 실질적으로
향상했다는 점이다. 전통적으로 교육과 더불어 암하라어를 말
하고 읽고 쓰는 능력은 정부 서비스와 사회에서의 지위를 안
정적으로 이끄는 원동력이 되었다. 고등 교육으로 영향력 있
는 직업 인력이 지속해서 제공되고 있고 특히 의사, 항공 조종
사, 엔지니어가 되기를 열망하는 학생이 많다. 이에 따라 주 정
부는 모든 주요 도시에 학교, 대학, 종합대학을 제공하고 있다.
그러나 교육의 언어는 달라졌다. 아이들은 어릴 때부터 영어를
배우고 모국어로 다른 수업을 듣는다. 암하라어는 예전만큼

널리 사용되지 않는다. 주 정부의 규정과 달리 에티오피아 부모들은 자녀에게 과밀한 '교대제' 수업 대신 사교육을 시키고 있으며 영어에서 우위를 점하기 위해 엄청난 희생도 감수한다. 오늘날 교육을 마친 이들 중 상당수는 공무원을 희망한다.

계층과 행정

에티오피아 사람 중에서도 특히 북부 에티오피아인은 수 세기 동안 다듬어진 위계질서에 대한 의식의 뿌리가 깊다. 전국의 다양한 종류의 정부 사무실뿐만 아니라 외딴 지역에 자리 잡은 건물은 외관은 초라할지도 모르지만 매우 자신감 넘치고 유능한 관료들이 일하고 있을 것이다. 각 사무실에서는 조직 개편이 빈번하지만 매우 계층적으로 운영된다. 뒤쪽의 큰 책상 뒤에는 항상 높은 지위를 차지한 인물이 앉아 있고 그 앞에 세로로 놓인 테이블에는 양쪽으로 6개에서 8개의 의자가 놓여 있다. 높은 지위의 남성 또는 여성은 사무실 출입을 통제하는 비서의 보호를 받기도 하지만 누구나 이 사무실 혹은 고위층 인사에 접근할 수 있다는 일반적인 믿음이 존재한다.

이와 마찬가지로 행정 역시 국가가 지역^{region}으로, 지역이 구역^{zone}으로, 구역이 웨레다^{woreda}로, 웨레다가 케벨레^{kebele}로 나뉘어 계층적으로 조직되어 있다. 공무원은 적절한 수준의 정책을 시행하는데 요청은 위계질서에 따라 상부로 전달되고 명령은 하달된다.

군국주의

군국주의는 에티오피아의 전통적이며 존중받는 미덕이다. 권력은 거의 항상 군사적인 방법으로 교체되었고 군대는 정부에서 매우 효과적인 부문으로 인식된다. 따라서 많은 에티오피아인은 반대자들이나 불만을 가진 집단을 통제하기 위해 무력 사용이 꼭 필요하다고 받아들인다. 자연적인 계급적 성향과 함께 강력한 후원자의 보호를 받아야 했기 때문에 봉건시대에는 무기를 소지하고 사용해야 한다는 부담감을 늘 의심의 여지 없이 받아들였다. 오늘날에는 전문적인 상비군과 공군이 있다. 병역의 의무나 징병은 없지만 군대는 적절하게 배치되어 있고 평화주의는 전례 없는 개념이다. 국가의 자유와 국토를 보호하기 위해 언제든 싸울 준비가 되어 있다는 사실은 에티오피아 국가 정신의 일부로 존재하고 있다.

민주주의와 인권

에티오피아는 오늘날 역사상 그 어느 때보다 민주주의에 가까워졌다. 하지만 에티오피아는 매우 독재적인 군주제에서 공산주의 독재를 거쳐 의례적인 국가 원수가 있는 연방의회 공화국으로 전환 중인 국가이다. 선거는 정기적으로 열리지만 진정한 선택에 대한 정부의 약속에는 모호함이 존재한다. 실제로 의사 결정이 어디서 일어나는지 단서를 찾아야 할 때 의회나

· 후원의 힘 ·

"빛나는 것은 모두 태양이며 지배하는 자는 누구나 우리의 왕이다."

티그리냐어 속담

사법제도와 같은 민주주의의 일반적인 도구를 뛰어넘는 막후에서 많은 일이 일어나고 있다는 사실을 기억한다면 매우 도움이 될 것이다. 이런 방식의 정치적 접근법은 에티오피아에서 확고하게 자리 잡고 있다. 경제적으로 불안정한 이들이 많은 에티오피아에서는 서로의 직장을 통해 연줄을 형성하거나 여당과의 연결고리를 만든다.

그렇지만 의회, 도시 및 지방 의회는 회의를 진행하고 정부는 비판을 받으며 당국은 때때로 공개적으로 풍자를 당한다. 다양한 정치적 견해는 신문을 통해서도 표현된다.

아흐메드 총리는 많은 반대자를 감옥에서 석방했지만 개인의 인권은 전통적으로 국가 의제에 크게 반영되지 않았다. 반면 정치적 분위기가 비교적 가벼울 때 유머와 캐리커처가 정치적 비판의 한 형태로 활발하게 등장하는 현상이 눈에 띈다. 현재는 '어떤 종류의 민주주의가 에티오피아에 필요한가'라는 문제가 논의되고 있다. 민족 연방주의? 단일 정부? 아니면 그 두 가지를 적절히 융합한 시스템일까?

정치적 또는 인권 사건이나 국가적 대의에 외국인의 개입은 용납되지 않는다는 점은 꼭 기억해야 할 부분이다. 외국인이 개입한다면 에티오피아에서 추방될 가능성이 크다. 2009년

1월 외국 자선단체 또는 해외에서 자금을 지원받은 지역 자선단체는 에티오피아의 문제에 참여하는 것을 금지하는 법이 통과되었다.

환경을 대하는 자세

에티오피아에서 자연의 세계는 원칙적으로 그 가치를 인정받고 있으며 많은 공원과 보호구역이 존재한다. 자라 야콥 황제가 15세기 아디스아바바 근처에 조성한 아프리카에서 가장 오래된 보존림인 메나가샤수바Menagasha-Suba도 그중에 포함된다. 그러나 사람과 소의 급증으로 환경 보존을 위한 노력이 무력화되고 있다.

과거에는 약탈하는 군대가 지배권을 위해 싸우고 농장 노동자가 징집되었던 북부에서 토지 황폐화가 가장 극심했다. 그러나 다른 삼림 지대가 벌채된 후에 종교적인 정서는 정교회의 교회 안에 있는 나무들을 보존하는 데 도움이 되었다. 또한 오로모 사람들이 야생 무화과 나무인 오다oda에 관심을 갖게 되면서 거대한 오다나무는 남쪽의 경작지에 넓게 퍼질 수 있었다.

에티오피아는 국민의 생계유지 필요성과 일부 보호 공원을 온전하게 유지하는 문제 사이에서 고군분투해왔다. 일부 가족은 종종 산허리에서 보호림뿐만 아니라 보호림이 아닌 숲에도 침입한다. 소를 부(富)로 여기는 저지대에서는 소 떼가 공원에서 풀을 뜯을 뿐만 아니라 공원 밖에서도 숲을 훼손하는 모습을 쉽게 볼 수 있다.

하지만 미래의 자원 관리 교육을 위한 홍보가 널리 이루어지고 있으며 야생동물의 독특한 특성을 자랑스러워하는 사람들 사이에서도 에티오피아 고유 동식물 보존을 가치 있게 여기는 분위기가 일반적이다. 국가에서 주도해 수목일을 제정하거나 공용 계단식 산비탈을 조성하고 있으며 차량 오염, 플라스틱과 같은 현대생활의 잔해물을 다루는 정책도 운용되고 있다.

에티오피아 사람들은 자연적인 아름다움을 매우 가치 있게 여긴다. 도시 주민들은 꽃을 선물하고 시골 사람들은 꽃과 잔디로 집 마당을 장식한다.

에티오피아의 정통 기독교인들은 야생 오리, 영양, 돼지, 낙타와 같은 동물을 먹지 않는 구약성경의 금기를 따른다.

개, 당나귀, 말과 같은 가축은 일꾼으로 취급되기도 하며 가난으로 인해 가축이 제대로 먹지 못하거나 수의사의 진료를 받지 못하는 경우가 많다. 하지만 에티오피아 사람들은 동물이 고통에서 벗어날 수 있도록 동물을 죽이는 행위를 감정적으로 받아들이거나 꺼리는 경우가 많다.

아픔과 고통에 대한 시각

아픔과 고통에 대한 접근은 극기심이 될 수도 있고 숙명론이 될 수도 있다. 신이 고통을 제거하지 않는다면 우리는 고통을 견뎌야 한다.

에티오피아에는 분명 가난한 사람들이 많다. 빈곤한 이들의 모습은 가족 간 유대가 부족할 수 있는 도시에서 더 극심한 형태로 나타난다. 전통적으로 교회 정문 밖에서 구걸하는 모습은 구걸이 절대 부끄러운 행동이 아니라는 사회 보장의 한 형태를 제공하게 되었다. 실제로 사회의 모든 단계에서나 탄원이 있을 수 있지만 그것은 고난과 고통에 대한 남다른 인내심과 결합되어 있다.

아픈 사람들은 증상이 매우 진행되지 않는 한 의사와 상담하지 않는 경우가 많다. 현대 의학과 전통 의학이 모두 이용되고 있고 성인의 성지에서 얻은 성수가 추가 예방책으로 이용되기도 한다.

가족들은 서로 의지하고 가난한 대가족 중 누구라도 '잘된' 사람은 수년간 친척들을 부양하는 일이 일반적이다. 이 때문에 음식을 나눠 먹을 예정이 아니라면 공공장소에서 식사하는 행동은 피한다. 에티오피아의 도시에서는 부유한 사람과 가난한 사람들이 같은 동네에 살고 있으며 호화로운 호텔 옆에 슬럼가가 자리 잡고 있다고 해도 에티오피아 사람들은 전혀 신경 쓰지 않는다.

에티오피아에는 항상 부유한 계층이 있었기 때문에 가난한 사람들은 조심스럽게 부를 과시하는 행동에 익숙한 편이다. 부자들은 결혼식과 같은 행사가 있을 때를 빼고는 서로 부를 과시하지 않고 금욕적인 이유로 경멸을 받기도 했다. 그러나 앞서 언급했듯이 오늘날에는 서구의 영향으로 인해 물질주의와 과시가 점점 더 늘어나고 있다. 오늘날 중산층의 많은 이들은 사생활을 유지하기 위해 문이 달린 큰 건물에서 살기를 열망한다.

죽음을 대하는 자세

에티오피아인이 사망하면 가까운 추모객들은 가슴을 치며 큰 소리로 울지만 일반 문상객은 공손한 침묵을 유지한다. 다른 더운 나라와 마찬가지로 장례식은 매우 빠르게 진행되며 항상 화장이 아닌 장례식을 치른다(110~111쪽 참조). 해외에서 사망한 사람의 시신은 매장을 위해 에티오피아로 운반하기도 한다. 장례 절차가 진행되는 동안 에티오피아 사람들은 차를 몰고 지나가는 중이었다면 속도를 늦추고 고인의 관을 향해 공손히 절한다. 무심하게 차를 몰고 장례식을 지나가는 외국인은 몰상식하다고 여겨진다.

고인의 집 근처에 세워진 애도의 천막에서 방문객은 대개 침묵하거나 조용히 대화한다. 부유하고 기독교를 믿는 에티오피아인은 큰 기념비나 묘소를 세우지만 이슬람교도는 주로 수수한 돌기둥을 세운다.

에티오피아 여성은 중동의 일부 지역 여성들처럼 복종하지 않는다. 20세기 초 에티오피아에는 통치하는 여성인 황후와 강한 힘을 가진 왕비가 있었다. 오늘날 여성들은 사업, 법률, 행정, 그리고 정치 등의 분야에서 활동하고 있다. 하지만 여성은 대부분 남성을 위해 쉽고 우아하게 요리를 하고 음식을 제공하는 모습을 보여야 한다는 기대에 부합해야 한다.

시골에서는 다르다. 여성은 물을 길어오고 농촌 생활의 많은 일을 떠맡는다. 여자아이들은 시골에서 아주 어린 나이에 결혼하기도 하는데 이는 출산 시 사망이나 부상의 위험을 증가시킨다. 여성 할례, 즉 여성 생식기 절단의 관행은 여전히 널리 퍼져 있지만 보편적이지는 않다. 여성의 성적 쾌락을 줄이기 위해 고안된 이 수술은 이슬람교와 기독교 공동체 모두에서 실행되고 있다.

여성은 결혼 전까지 순결을 지켜야 한다는 사회적 기대가 있지만 성에 대한 에티오피아인의 태도는 청교도적이지 않다. 이성 간의 성매매가 특별히 부끄러운 행위는 아니다. 그러나 동성애자에 대한 시선은 곱지 않은 편이다. 남성 동성애는 불법이며 여성에게는 생각할 수조차 없는 일이라고 여겨진다. 그렇다고 해서 에티오피아에 동성애가 존재하지 않는 것은 아니지만 매우 비밀스럽고 거의 인정받지 못한다는 의미이다. 남성 동성애자를 뜻하는 암하라어는 게브레소돔^{gebre sodom}이다.

외국인이 젊은 에티오피아인을 성적으로 학대하면 엄하게 처벌받는다.

직업윤리와 시간을 대하는 마음가짐 .

에티오피아인은 대개 체계적인 두뇌 노동에 능숙하다. 에티오피아인 중에는 체계적이고 지적 능력을 갖춰야 하는 변호사, 회계사, 항공기 조종사, 외과 전문의, 엔지니어, 전문가들이 많다. 또한 에티오피아는 세계 무대에서 존경받으며 앞서가는 정치인을 배출하고 있다. 반면 중간관리자 중에는 책임을 다하지 않거나 실직하지 않기 위해 의사 결정을 두려워하는 이도 많다.

사무직 노동은 실무 활동이나 무역 또는 생산 관련 업무보다 더 가치 있는 직업으로 평가받는다. 에티오피아인은 경계가 모호한 상황보다는 책임이 세심하게 규정된 상황에 더 만족해한다.

에티오피아인은 서면으로 작성한 계약을 절대 깨지 않는다. 구두 계약은 서면 계약만큼 구속력이 없으므로 구두 계약을 더 선호하는 편이다. 기업이나 기관의 공문에는 반드시 도장과 서명을 해야 한다.

에티오피아에서는 현금을 선호하지만 카드 사용이 점점 늘고 있다. 거래할 때는 반드시 영수증을 작성해야 하고 큰 금액을 지불할 때는 증인이 필요하다. 수표 역시 사용된다.

에티오피아인은 약속 시간을 잘 지키지만 늦을 가능성이 있을 때는 애원하는 말투로 '아바샤 케테로^{abasha ketero}'라고 표현한다. 아디스아바바의 끔찍한 차량 정체를 고려한다면 제시간에 도착하는 일이 쉽지만은 않다는 인식이 있으므로 약속 시간에 늦더라도 용서받을 수 있을 것이다.

외국인 관광객은 오전 7시가 지나자마자 울리는 사무적인 전화에 놀라는 경험을 할지도 모른다. 일반적인 근무시간은 오전 8시 30분에 시작되지만 일찍 출근하는 이들이 많고 휴대전화의 보급으로 아침 식사 전 그날 약속을 모두 정하기가 훨씬 쉬워졌다.

에티오피아인은 대개 저녁 9시 30분 이후에는 전화하지 않으며 저녁 약속도 그 시간을 넘기는 일은 드물다.

시골 지역에 사는 에티오피아인은 시간약속에 큰 의미를 두지 않는다. 사람들은 농업 연도의 순환을 지켜보며 가족 또는 지역 공동체 단위로 함께 일한다. 아이들은 어릴 때부터 동물 돌보기의 중요성과 추수를 도와야 한다는 의무를 배운다. 이들의 일상은 한 주 혹은 두 주마다 또는 계절별로 열리는 시장을 기준으로 정해지고 교회 예배나 결혼식과 같은 전통적인 공동의 행사가 생활의 기준이 되기도 한다.

도시에서나 시골에서나 여러분은 일찍 일어나며 꼼꼼하고 체계적인 에티오피아인을 만나게 될 것이다. 이들은 생계를 유지하고 미래의 발전을 위해 늘 열심히 노력하며 살아간다.

03

종교와 전통

에티오피아인은 대부분 종교적으로 매우 독실하거나 종교를 존중한다. 정통 기독교 신앙과 관습은 에티오피아 고유의 전통에 뿌리내리고 있고 에티오피아 인구 중 40퍼센트 이상이 에티오피아 정교회 신자이다.

에티오피아인은 대부분 종교적으로 매우 독실하거나 종교를 존중한다. 정통 기독교 신앙과 관습은 에티오피아 고유의 전통에 뿌리내리고 있고 에티오피아 인구 중 40퍼센트 이상이 에티오피아 정교회 신자이다. 에티오피아인 중 1/3은 이슬람교 수니파로 주로 에티오피아의 동부와 남동부에 살고 있다. 에티오피아인의 1/5은 에티오피아 정교회 이외의 다른 기독교 분파를 믿고 물활론자(자연계의 모든 사물과 현상에 영혼이 있다고 믿는 세계관-옮긴이)도 있는데 이들은 대부분 에티오피아 남부와 서부에 사는 민족이다.

에티오피아인 중 매우 소수를 차지하는 유대인은 대부분 이스라엘 등으로 이주했다. 하일레 셀라시에(에티오피아 제국의 마지막 황제-옮긴이)를 추종하는 라스타파리안^{Rastafarian}은 계속 늘고 있다.

에티오피아 정교회

에티오피아 정교회는 고대로부터 전해 내려온 기독교의 한 형태이다. 에티오피아 정교회는 성스러운 중재자에 대한 신뢰를

랄리벨라에 있는 성 조지 교회는 바위로 깎은 교회로 유명한 지역의 성지이자 순례지이다.

가르치고 경전의 규범은 에녹이나 주빌리와 같은 성경의 외전을 포함한다. 그러나 에티오피아 정교회는 변화가 없는 교회가 아니어서 20세기 들어서는 설교와 예배에 토착어를 사용하는 등 변화를 수용하고 있다.

에티오피아 정교회의 성인은 교회 내부를 장식하는 그림, 거리에서 판매하는 도상적 표현 양식, 성인과 관련된 성스러운 장소 등 어디에서나 볼 수 있다. 그리스도의 어머니인 성모 마리아는 가장 추앙받는 인물이다. 데브레 자이트 근처 주크왈

라산의 '아보^{Abo}'라는 이름으로도 알려진 '게브레 멘페스 키두스^{Gebre Menfes Kiddus}'는 에티오피아의 '프란시스코 성인'이며 동물에 둘러싸인 모습이다. 데브레 리바노스 수도원의 '성 테클 하이마노트^{St. Tekle Haimanot}'는 13세기의 역사적 인물로 한 다리로 서 있는 모습이다(기도하는 자세로 너무 오래 서 있었던 까닭에 몸에서 분리된 다른 쪽 다리는 옆쪽에 그려져 있다). 성 조지는 용을 살해한 악의 정복자로 매우 유명하다. 대천사 중에서 마이클과 가브리엘을 추종하는 열성 신자의 수가 가장 많다. 성인의 그림은 숭배의 대상이 아니며 상징으로 사용되지 않지만 각 성인이 대변하는 대상을 숭배를 받는다.

에티오피아 정교회는 동방 정교회에 속하며 이집트 콥트교회, 아르메니아 교회, 인도 교회, 시리아 교회 역시 여기에 포함된다. 이 교회들은 5세기 칼케돈 공의회에서 기독교의 나머지 지역으로부터 분열되었다. 이들은 미아피사이트^{miaphysite} 또는 테와히도^{Tewahido}(게즈어)로 알려져 있는데 예수 그리스도를 (다른 대부분의 기독교 교회에서 사용하는 '하나의 사람 안에 두 개의 본성'이 아니라) '하나님 말씀의 하나의 화신'으로 묘사하기 때문이다.

기독교는 에제나왕이 통치하던 약 330년경 에티오피아 북부 악숨 왕국의 공식 종교가 되었다. 전설에 따르면 이 신앙의 뿌리를 처음 내린 이는 해안에서 난파된 티레 출신의 두 기독교 형제 프루멘티우스와 에데시우스였다고 한다. 프루멘티우스는 이집트 총대주교 아타나시우스에 의해 신생 교회의 첫 번째 주교가 되었으며 1959년이 되어서야 에티오피아 정교회는 최초의 에티오피아 태생 총대주교, 즉 아부나 총대주교의 서품으로 완전한 자치권을 갖게 되었다. 에티오피아 정교회와 이집트 콥트 교회는 신학, 전례 양식, 예술 면에서 매우 가깝다.

5세기 말 '9인의 성자들'로 알려진 시리아 난민들의 영향으로 교회의 재건이 이루어졌다. 6세기에 그들의 제자 중 한 명이며 '새들로부터 음악을 배운' 성 야레드는 교회에 제마^{zema}로 알려진 성가를 전했다. 이 음악적 전례에서는 데브테라스^{debteras} (평신도 교사와 선창자)가 중요한 역할을 담당한다. 흰옷을 입은 데브테라스들은 시스트라(타악기의 일종-옮긴이)를 울리고 북을 치고 성소 앞에서 춤을 추었던 다윗 왕처럼 춤춘다. 이 시기 무렵부터 바위와 절벽의 표면을 깎아 교회를 세웠고 많은 은둔자가 교회에 거주했다.

에티오피아 정교회는 또한 유대교의 특성이 매우 강하다. 안식일을 준수하며 (주요 예배일은 일요일) 깨끗한 음식과 부정한 음식을 구별하고 할례 의식을 따르기 때문이다. 에티오피아 기독교인들은 또한 악숨에 있는 시온 성모 마리아 교회를 매우 아낀다. 원래의 언약궤는 예루살렘에서 솔로몬의 성전이 파괴되었을 때 보관을 위해 몰래 옮겨진 후에 이곳에 보관되고 있다고 한다. 이 가장 신성한 유물을 지키는 인물만이 언약궤를 볼 수 있다. 모든 에티오피아 교회는 '타봇tabot'으로 알려진 이 언약궤의 복제품을 가지고 있다. 유대교 전통과 마찬가지로 예배는 보통 타봇을 둘러싸고 건물 안에서 거행되지만 축일에 행진이 있을 때는 야외에서 올린다.

교회는 또한 이슬람교와 공존의 역사를 공유한다. 이슬람 전통에 따르면 예언자 모하메드는 6세기 그의 추종자들에게 에티오피아로 피신하라고 조언했다. 악수마이트 왕은 외국인에게 친절하게 대했기 때문이다. 에티오피아의 이슬람교도와 기독교도는 대부분 서로에게 관대하고 신자들은 서로의 성지를 순례한다. 하지만 오늘날에는 에티오피아 이외의 지역에서 발생한 이슬람교와 기독교 간의 분쟁으로 인해 경계심이 커진 상황이다.

예배는 일요일마다 전례Qidasse의 형태로 성체의 양식을 따른다. 또한 매월 성인의 날이 있고 파시카Fasika(부활절), 팀케트^{Timket}(예수 공현 대축일), 메스켈^{Meskel}(성십자가 승천 축일)과 같은 주요 교회 축일이 매년 열린다. 예배는 여러 명의 사제와 많은 집사가 주도하며 데브테라^{debtera}(성직을 받지 못한 사제나 교육받은 평신도-옮긴이)와 합창단이 함께하기도 한다. 성직자만이 교회 내부의 성화벽 뒤에 있을 수 있고 그들만이 타봇을 다룰 수 있다.

일반 대중은 예배 중 언제든 참여하거나 자리를 뜰 수 있지만 오직 정교회 신도에게만 성찬식이 허용된다. 실제로 대부분의 사람들이 교회 건물 밖에서 예배를 드리는 모습을 볼 수 있고 교회 건물 안에서 성찬식을 행하는 이들은 아주 어리거나 아주 나이가 많은 사람들뿐이다. 나머지 연령대의 사람들은 성적으로 불순하다는 인식 때문이다.

누구나 정교회를 방문할 수 있지만 팔과 다리를 가린 옷차림을 하고 교회 문 앞에 신발을 놓고 들어가야 하며 교회의 전통을 존중하는 태도를 갖추어야 한다.

오늘날 정교회는 국가와 결부되지 않는다. 현재는 많은 기독교 종파 중 하나이며 이는 내부적 역학 관계와 정체성에 영향을 미쳤다. 성경을 에티오피아의 주요 언어로 번역한 일은 교회의 면모를 일신하는 계기가 되었다. 신학대학들은 개발 프로젝트에 전념하는 종교 회의 사무실의 행정 부서와 함께 가난한 사람들을 돌보는 의무를 진지하게 받아들이고 있다.

수도원 생활

교회에는 늘 남성과 여성 수도원 공동체가 있다. 그들은 4세기의 성인 안토니우스와 파코미우스가 세운 초기 이집트 수도원의 방식을 따른다. 수도원은 많은 에티오피아 학자를 양성했을 뿐만 아니라 수 세기 동안 문맹 퇴치에 이바지하고 필사본 보존지의 역할을 담당했다. 일부 수도원은 13세기의 성인 테클 하이마노트가 세운 데브라 리바노스 수도원처럼 공공 생활에 많은 영향을 끼쳤다. 자그웨 왕조가 무너진 후 솔로모닉 황제들의 복귀를 도운 인물이 성 테클 하이마노트이다. 수도원의 수도원장 또는 지도자는 '메머Memher'(게즈어로 '선생님'을 의미하며 큰 교회의 수장을 부르는 호칭이기도 함)라고 부른다. 다양한 신학 학교들이 각기 다른 수도원에서 발전한 까닭에 오늘날에도 계속해서 논쟁의 주제가 되고 있다.

　다른 정교회와 마찬가지로 미혼 성직자만이 주교가 될 수 있다. 주교와 총대주교Abuna는 수도자 중에서 선정한다.

랄리벨라에 있는 하나의 암석으로 이루어진 교회 중 한 곳인 베트 가브리엘-루파엘 교회 내부

수도원은 이제 공적인 삶에 영향을 미치지 않지만 에티오피아인 개개인의 삶에 계속해서 영향력을 발휘하고 있다. 에티오피아인들은 질병이나 불임과 같은 다양한 문제에 도움을 받기 위해 수도원으로 간다. 성수는 효과적인 치료 약으로 집으로 가져갈 수 있도록 병에 담아 제공되기도 한다. 오늘날 가장 유명한 수도원은 아디스아바바의 북쪽에 있는 데브레 리바노스 수도원이다. 악숨에 있는 시온의 성모 마리아 교회는 가장 오래된 교회이자 언약궤를 보관하고 있는 곳이다. 월로^{Wollo}에

있는 지셴 수도원의 에그지아버압^{Egziabher Ab} 교회에는 성십자가의 조각이 있다. 그리고 디레 다와 근처 쿨루비에는 성 가브리엘 교회가 있다.

물론 힘든 일이겠지만 에티오피아 정교도 신자들이 가장 희망하는 순례는 예루살렘으로 가 성묘 교회의 지붕을 보는 것이다. 성묘 교회는 에티오피아의 일부이기도 하며 이집트 콥트 교회와 치열하게 경쟁 관계를 이루고 있는 곳이다. 예루살렘을 암시하는 랄리벨라의 바위로 깎은 교회들은 현실적으로 예루살렘으로 순례 여행을 떠날 수 없는 사람들을 위해 지어졌을 것으로 추정된다.

남성이든 여성이든 누구나 언제든 수도원에 들어갈 수 있다. 여성은 미망인이 되었다거나 자신을 돌봐줄 사람이 없을 때 수녀 공동체의 일원이 되기도 한다. 이렇게 수녀가 된 여성은 독특한 샛노란 드레스를 입는다.

금식

에티오피아에서는 금식을 자주 실행한다. 금식의 조건은 신앙의 엄격함에 따라 달라진다.

에티오피아 정교회 신도는 사춘기가 지나면 수요일과 금요일에 금식한다. 신도 대부분은 또한 사순절(56일), 강림절(40일), 이집트 피신을 기념하는 축제(40일) 기간 긴 금식을 유지한다. 1년 중 최대 250일까지 금식하기도 한다. 금식은 보통 오후 3시 이후에 한 끼만 먹고 육류와 유제품을 절제한다는 뜻이다. 생선은 금식 동안에도 먹을 수 있어서 금식을 끝내고 먹는 음식으로 간주하지 않는다. 금식 중에는 주로 렌틸콩과 콩, 특히 미스르와트^{misr wot}(렌틸 스튜)나 시로와트^{shiro wot}(병아리콩 또는 콩 스튜)를 먹는다.

이슬람교도는 라마단 기간 금식하는데 낮 동안 음식이나 음료를 완전히 삼가야 한다.

주요 축제

에티오피아 정교회는 전통적으로 다른 정교회와 마찬가지로 율리우스력과 비슷한 달력을 따르고 있으며 서양의 그레고리력보다 13일 늦다. 따라서 크리스마스와 예수 공현 대축일이

팀켓(예수 공현 대축일) 기념행사

서양에서보다 늦다.

가장 중요한 기독교 축제는 부활절이며 부활절 전에는 56일간의 금식과 매일 예배(Hudade 또는 Abiy Tsom)가 이어진다. 부활절 날짜는 바뀔 수 있고 항상 서양 부활절과 같거나 더 늦다. 크리스마스(Lidet 또는 Genna)전에는 40일간의 금식이 행해지며 서양 달력으로 1월 7일에 해당한다. 금식이 끝날 때마다 엄청난 양의 고기를 먹는 큰 잔치가 이어진다. 오늘날까지도 소와 양은 활발하게 거래되고 있으며 시장에서 볼 수 있는 피투성이 가죽과 양털은 금식이 끝나고 육식성 식단이 시작되었다는 신호이다.

가장 다채로운 기념행사는 '예수 공현 대축일'과 9월 말의 '참 십자가 발견 축제Meskel'이다. 팀켓은 에티오피아의 예수 공현과 요르단강에서 예수의 세례를 숭배하고 기념하는 축제이다. 서양의 교회는 예수 공현 축일에 세 명의 현자들을 통해 그리스도의 영광이 드러난 것을 기념한다. 팀켓 전날 저녁 교회의 모든 신도와 사제들은 타봇을 들고 밤샘을 위해 가장 가까운 강으로 나아간다. 다음날 열렬한 북소리와 구호와 함께

매년 열리는 메스켈 의식의 한 장면

신자들은 자신들의 세례 서약을 다시 하기 위해 강에 몸을 담그고 사제들은 군중에게 성수를 뿌린다.

메스켈은 크렘트(큰 비)의 끝을 알리고 수확을 기대하는 모두를 위한 축제의 날이다. 에티오피아 사람들은 성인 헬레나가 모닥불에 불을 붙여 십자가가 묻힌 곳으로 연기가 되돌아오는 모습을 보고 참 십자가의 일부의 위치를 찾았다고 믿는다. 이러한 이유로 모닥불은 이 축제의 큰 특징이며 예배자들의 이마에 재를 표시하고 농작물이 잘 자라도록 재를 밭에 뿌린다.

세례

세례는 견진 성사, 참회, 성찬식, 병자 성사, 결혼식, 서품식과 더불어 교회에서 치르는 의식 중 하나이다. 세례는 한 아이가 기독교인으로 '재탄생'한다는 표시이다. 남자아이는 태어난 지 40일 후, 여자아이는 태어난 지 80일 후 세례를 받는다. 세례에는 어머니의 출산 감사 예배와 정화 의식이 포함되어 오래 걸린다. 세례를 받는 아이는 온몸에 성유를 30번 바르고 삼위일체의 이름을 부르는 동안 몸을 물에 3번 담근다. 서양 교회에서처럼 대부모가 정해진다.

가톨릭교회

가톨릭 신자의 수는 기독교인보다 훨씬 적다. 대주교는 아디스아바바에 있으며 티그레의 아디그라트^{Adigrat}, SNNP 지역의 엔디비르^{Endibir}를 포함해 10개 교구가 있다. 가톨릭 신자들은 서양 전례와 에티오피아 전례를 둘 다 따르고 게즈어를 사용하며 칼케돈 신앙 정식을 따른다.

에티오피아 가톨릭교회의 역사는 16세기 예수회 선교단으로 거슬러 올라간다. 이 선교단은 이슬람교도의 침입을 막으려던 에티오피아 황제들의 노력으로 정치에 휘말리게 되었다. 그후 수세뇨스 황제(c.1607~32)가 가톨릭으로 개종하면서 가톨릭교회는 정교회가 군림하던 에티오피아에서 짧지만 의미 있는 움직임을 형성할 수 있게 되었다. 정교회 성직자들은 수세뇨스 황제의 개종에 경악했다. 결국 내전의 결과로 수세뇨스는 축출되었고 예수회 선교사들은 에티오피아에서 추방되었다. 가톨릭 선교단은 1839년 성 쥐스탱 드 야코비스^{St. Justin de Jacobis}가 에티오피아의 의식을 받아들이게 될 때까지 다시 출현하지 않았다. 에리트레아의 이탈리아인들은 이후 에티오피아에 가톨릭을 전파하고 남부, 특히 엔디비르에 많은 선교단을 파견하면서 큰 영향을 미쳤다.

개신교

개신교는 에티오피아에서 매우 빠르게 성장하고 있으며 특히 에티오피아 서부와 남부에서 성장 속도가 빠르다.

개신교 선교사들은 19세기 중반 에티오피아에 등장했다. 그들은 개종보다는 에티오피아 정교회의 개혁을 위한 대리인 역할을 자처했다. 테워드로스 황제는 이 초기 선교사 중 일부를 포로로 잡아 대형 대포를 설계하고 제작하도록 했다. 이를 통해 테워드로스 황제는 현재 에티오피아에서 높은 평가를 받고 있다. 아디스아바바 처칠 애비뉴의 테워드로스 광장에는 세바스토폴이라는 별명을 가진 가장 큰 대포의 복제품이 세워져 있다.

20세기 초 스칸디나비아와 아메리카 대륙에서 온 선교사들은 에티오피아 정교회가 많은 발판을 마련하지 못한 남부에서 주로 활동할 수 있는 허가를 받았다. 이들의 활동으로 매우 큰 교회 두 곳이 성장했는데 그중 한 곳은 북미 복음주의 기독교에서 유래한 칼레 히옷Kale Hewot 교회이며 다른 한 곳은 스칸디나비아 루터교를 기반으로 한 메카네 예수스Mekane Yesus 교회이다. 이외에도 많은 교회가 있으며 에티오피아를 기반으로 하고 매우 독실한 곳도 많다.

개신교 신학, 성경의 현대판 암하라어 번역, 현대적 예배 등의 요소가 정교회에 영향을 끼쳤으며 특히 아디스아바바에 있는 '개혁' 정교회는 성경 연구와 예배 방식으로 젊은이들 사이에서 잘 알려져 있다. 그러나 정교회에서 항상 변화를 잘 수용하는 것은 아니며 많은 에티오피아 개신교 신도는 여성을 사제로 서품하는 사례와 같은 서구의 일부 개혁에 반감을 품고 있다.

이슬람교

에티오피아의 이슬람교는 이슬람교의 역사만큼 오래되었다. 성벽으로 둘러싸인 도시 하라르는 이슬람교에서 메카, 메디나, 예루살렘에 이어 네 번째로 신성한 도시로 인정받고 있다. 하라르에는 82개의 모스크와 102개의 사원이 있다. 예언자 모하메드는 메카에서 박해를 받던 그의 추종자들에게 에티오피아 북부로 가서 '누구에게도 잘못을 따지지 않을 왕을 찾으라'고 조언했다. 이들은 615년 티그레이주의 네가시에 정착했는데 이곳은 현재 동아프리카에서 이슬람교의 본거지로 여겨진다. 이슬람교도와 기독교도 모두 서로의 성지를 존중하며 가장 중요한 이슬람 사원은 베일 산맥 동쪽에 있는 셰이크 후세인 사원 Sheikh Hussein mosque이다.

하지만 이슬람교와 기독교의 관계가 늘 원만했던 것은 아니다. 16세기에 아달 토후국 출신의 모하메드 그란Mohammed Gragn은 북쪽의 기독교 왕국을 정복하는 데 거의 성공했지만 에티오피아-포르투갈 연합군에 의해 계획이 좌절되고 말았다. 이후 오스만 제국은 홍해 연안 항구를 점령하면서 에티오피아의 이해관계를 위협했다. 20세기 초 이야수 황제가 이슬람교로 개종한 사실은 그가 폐위되는 요인 중 한 가지로 작용했다. 오늘날에도 시골 지역에서 한 종교 공동체가 다른 종교 공동체를 위협하는 갈등 상황이 가끔 보고되고 있지만 개인적 차원에서는 대부분 관대한 태도를 유지하고 있다. 소말리아의 이슬람 극단주의의 위협으로 인해 국가적 차원의 우려가 제기되고 있으며 사우디아라비아 와하비즘(이슬람교의 복고주의 운동-옮긴이)과 도시와 시골의 모스크 인수는 모든 기독교인의 의심을 사고 있다.

할례

할례는 소년 소녀 모두에게 널리 행해지고 있다. 기독교 교회에서만 실행하는 소년 할례는 (유대교 관습에 따라) 태어난 지 8일 후 치르는 에티오피아 정교회 의식이며 이슬람교도 역시 소년 할례를 행하기도 한다. 여성 할례는 에티오피아에서 법에 어긋나는 관습이지만 법이 강력하게 시행되지는 않는다. 에티오피아는 아직 아프리카 연합의 마푸토 의정서(아프리카 15개국이 여성 할례 금지를 명시한 의정서로 2005년부터 효력이 발생함-옮긴이)를 비준하지 않았다.

전통적 믿음

에티오피아에는 3대 유일신 종교 이외에도 물활론적 믿음과
관습을 따르는 사람들이 있다. 이들은 주로 에티오피아 남부

와 서부 지역에 살
고 있으며 오로모족
이 그중 다수를 차
지한다. 이들의 신앙
은 주요 종교와 전
통적인 믿음이 융합
된 형태이다. 부족민
들이 주로 물활론을
따르며 그 외에도 주
술, 점술, 점성술 등
이 시골 지역에 널리
퍼져 있다. 악령을
쫓기 위해 목에 장식
물을 걸고 커피 찌꺼
기나 동물의 지방으

로 점을 치는 행동은 모두 삶이 가장 불안하고 불확실한 곳에서 볼 수 있다.

결혼

결혼은 사회적 의식을 통해 합법화된다. 남성은 늦게 결혼하기도 하지만 여성은 아주 일찍 결혼하는 경우가 많다. 결혼에 적합한 법정 연령은 18세이지만 부모의 동의를 얻으면 16세 소녀도 결혼할 수 있다. 법률이 항상 시행되지는 않으므로 11살가량의 어린 소녀가 결혼하고 성생활을 하는 모습을 심심찮게 볼 수 있다. 어린 나이에 결혼한 소녀들은 출산 시 합병증을 겪기도 한다.

모든 민족 집단과 종교에는 약혼과 결혼을 표시하기 위한 고유의 관습이 존재한다. 교회에서는 결혼에 대해 엄격한 조건을 두는 까닭에 교회에서 의식을 하는 기독교인은 거의 없다. 예를 들어 교회에서 결혼한 사람들에게 이혼은 허용되지 않는다. 하지만 에티오피아인은 전통적으로 이혼과 재혼에 관해 자유로운 견해를 가지고 있다. 결혼은 보통 중개인을 통해 두

가족 사이의 협상을 통해 성사되므로 오래전 에티오피아를 떠났던 사람이 고향 출신 배우자를 찾길 원할 때 결혼 중개인을 활용하기도 한다.

결혼식은 며칠 동안 계속되는 장기적인 이벤트이며 떠들썩하고 시끄러운 자동차 행렬이 이어지기도 한다. 카메라맨은 매 순간을 잡기 위해 차량 앞뒤로 오가며 촬영한다. 이 행렬을 방해하는 자에게는 재앙이 따른다고 여겨진다. 외국인은 결혼식 중의 다양한 이벤트에 손님으로 초대받기도 하며 주로 식사와 식사 뒤 이어지는 연회 이벤트에 초대받는다(더 자세한 내용은 161쪽 참조).

에티오피아에서는 신혼부부에게 손님이 선물을 주는 일은 서양만큼 일반적이지 않다. 피로연에서 춤을 추는 동안 신혼부부에게 행운을 빌기 위해 돈을 주는 일은 있지만 고급스러운 결혼식에서는 이런 행동을 피한다. 신랑은 신부에게 혼숫감으로 드레스를 선물하는데 신부는 드레스를 받아들이면서도 냉소적인 태도를 보여야 한다.

오로모의 시골 지역에서 결혼식 행사를 우연히 마주하게 된다면 전통적인 복장의 기분 좋게 취한 기수들이 화려한 안장과 고삐를 멘 말을 타고 질주하는 모습을 보게 될 수도 있다.

장례식

집 옆쪽 거리에 하얀 텐트가 쳐져 있다면 장례식이 있다는 분명한 신호이다. 장례식은 공동체 구성원 전체가 참여하는 매우 중요한 행사이다. 대부분의 에티오피아 가족은 장례 보험 이디르Idir에 가입하는데 이디르에서는 장례식에 관한 다양한 결정을 내리고 장례 비용을 지불한다.

장례를 모시게 되면 조문객들은 고인의 집에 모여 가족을 위로하고 일을 돕는다. 앉을 자리를 마련하기 위해 천막^{denkwan}을 준비하고 여성은 주로 조문객을 위한 음식을 준비하며 남성은 관을 주문하는 등 실질적인 일을 담당한다. 장례식은 사망 후 하루나 이틀 이내에 교회 근처의 묘지에서 거행되며 기독교인이라면 사제가 주관한다. 덴관은 모든 조문객이 조문할 수 있도록 며칠 더 설치해 둔다. 조문을 가게 되면 고인과 가장 가까운 유족에게 먼저 인사를 하고 덴관 주변에 놓인 의자에 엄숙하게 앉아 있다가 조문객을 위한 음식을 먹고 조용히 일어나면 된다.

에티오피아의 장례 문화에서 주목할 만한 부분은 장례 보험인 이디르가 매우 중요한 사회 집단의 역할을 한다는 점이다. 이디르는 정기적으로 회원들을 모아 자금에 관한 결정을 내리고 모아둔 자금은 회원이 어려운 일을 겪을 때 사용되기도 한다.

기독교인뿐만 아니라 모든 에티오피아인은 사후에 빠르게 매장된다. 부유한 기독교인들은 큰 비석이나 묘소를 세워 자신의 무덤을 표시한다. 오로모족은 시골 지역에서 새와 동물로 장식된 화려한 무덤에 묻힌다. 남쪽의 콘소족은 물활론자이며 이들의 목제 장례식 동상은 잘 알려져 있다. 이슬람교도는 자신의 묘지에 묻힌다. 아디스아바바 서쪽 외곽의 굴레레^{Gulele}에는 아르메니아인, 그리스인을 비롯한 다양한 유럽인들의 묘지가 구역별로 나누어져 있고 1941년 에티오피아 해방전쟁 중 사망한 유럽인들도 이곳에 묻혀 있다.

커피와 각성제

에티오피아 가정에서 커피 마시기는 서두르지 않는 정교한 의식이다. 커피 원두를 볶아 뜨겁게 마시는 관습이 아라비아에서 시작되었다고 생각하는 이들이 많지만 에티오피아는 아라비카 커피의 원산지라는 자부심을 가지고 있으며 아라비카 커피는 현재 에티오피아의 가장 큰 수출품이다.

모든 에티오피아 여성과 남성은 커피를 볶는 연습을 한다. 특별한 행사가 있을 때는 커피 가루를 바닥에 뿌리고 꽃으로 장식한다. 잘 씻은 커피 원두를 팬에 담아 뜨거운 화로 위에서 볶는다. 콩이 달그락달그락 소리를 내면 연기가 손님들 쪽으로 흘러들어 감각을 자극하고 커피 향은 연기와 어우러진다. 볶는 과정이 끝나면 볶은 콩을 절구에 넣어 찧는다.

그동안 점토로 된 커피포트^{jebena}에 물을 넣어 끓이고 커피는 같은 포트에 우려낸다. 그러고 나서 12 사도를 상징하는 12개의 작은 컵에 조심스럽게 붓는다. 설탕이나 소금을 첨가하기도 한다. 방문객들은 3잔을 받아 마신다. 첫 번째 잔은 암하라어로 아볼^{abol}이라고 부르며 두 번째 잔은 홀레테그나^{huletegna}, 마지막 세 번째 잔은 베레카^{bereka}라고 부르며 축복을 상징한다. 구운 땅콩이나 보리(콜로^{kollo})를 커피와 함께 곁들이기도 한다.

커피와 관련된 훨씬 더 오래된 관습은 커피 잎이나 볶은 콩을 으깨 그 가루를 버터와 섞는 것이다. 밤새워 기도해야 하는 수도승이나 여행자들은 이 가루를 각성제로 이용한다.

암페타민(각성작용을 일으키는 합성 화합 물질-옮긴이)이 함유된 각성제인 차트^{Chat}(아랍어로 khat, qat)는 널리 재배되고 사용되며 가장 높은 가치를 가진 수출품 중 하나이다. 예멘, 소말리아, 에티오피아의 이슬람교도들에게 차트를 씹는 일은 사회적 의식의 일부가 되었다. 차트는 커피가 자라는 곳이라면 어디에서든 재배할 수 있으며 시험이나 힘든 일을 겪을 때 차트를 씹는 젊은이가 늘고 있다. 그런 이유로 차트를 승인하지 않는 곳도 있어서 미국, 캐나다 그리고 상당수의 유럽 국가에서 차트는 불

세계 문화 여행 _ **에티오피아**

법으로 취급되고 있다.

시간과 달력

에티오피아는 전통적으로 이집트에서 여전히 사용되는 콥트 달력을 따르고 있어서 서양의 그레고리력보다 7년 8개월 늦다. 그래서 에티오피아는 2007년 9월 12일 새천년을 기념했다.

30일을 한 달로 보는 12개월짜리 콥트 달력에 추가된 5일은 '13월'로 간주한다. 에티오피아의 정부 문서는 모두 콥트 달력을 사용한다는 사실을 기억해두자.

하루의 시간 또한 다르게 계산된다. 시간은 전통적인 중동의 12시간 시계를 따르며 새벽 6시부터 시간이 계산된다. 따라서 에티오피아에서는 오전 9시가 3시이고 정오는 6시이다.

이런 차이점이 있으므로 에티오피아인은 외국인과 대화할 때 어떤 달력이나 시간을 사용하고 있는지를 확인해야 한다는 점을 항상 염두에 둔다. 달력은 서양 또는 유럽 달력을 참조해 만들어지고 시간을 언급할 때는 에티오피아식 시간인지 유럽식 시간인지 언급한다.

친구 사귀기

친구 사귀기는 분명 표면적인 수준에서는 쉬운 일이겠지만 더 깊은 관계를 위해서는 수년에 걸친 상호작용이 필요할 것이다. 에티오피아인이 외국인과 우정을 쌓는 일은 흔하고 오랜 기간 에티오피아에 살아온 외국인 거주자는 에티오피아 지역사회에 완전히 융합되기도 한다.

에티오피아인은 오랜 시간 이어지는 우정을 가치 있게 여긴다. 우정이 시작되는 시점은 어린 시절이나 학창 시절로 거슬러 올라가며 가족, 부족, 종교적 배경을 뛰어넘어 확대된다. 에티오피아인의 우정에는 깊은 충성심이 필요하고 서로에게 드러내기도 하며 자동차나 집과 같은 다양한 물질적 자원의 공유를 포함하기도 한다. 또한 우정어린 관계는 서로의 결혼식, 장례식, 기타 가족 행사에 참석하며 중대한 질병이나 다른 심각한 가족 문제가 발생하게 되면 우정을 위해 다른 일을 모두 제쳐두고 도움을 줄 수 있어야 한다.

에티오피아인과 외국인

친구 사귀기는 분명 표면적인 수준에서는 쉬운 일이겠지만 더 깊은 관계를 위해서는 수년에 걸친 상호작용이 필요할 것이다. 에티오피아인이 외국인과 우정을 쌓는 일은 흔하고 오랜 기간 에티오피아에 살아온 외국인 거주자는 에티오피아 지역사회에 완전히 융합되기도 한다. 하지만 에티오피아인과 외국인 친구가 서로 기대하는 바가 다르다면 실망을 경험하기도 한다.

에티오피아인은 손님을 환대하는 오랜 문화적 전통을 공유한다. 이들은 외국인을 초대해 커피, 맥주 또는 청량음료 등을 간단히 대접하는 친절함을 베풀기도 한다. 만약 외국인이 초대를 거절하면 에티오피아인은 실망할 수도 있다. 반면 속셈을 품고 있는 사람이라면 너무 빨리 많은 것을 제공하려고 할 것이다. 우정을 쌓기 위해 너무 다그치는 것처럼 보이는 사람은 경계하는 편이 낫다. 그들은 지나치다 싶은 부탁이지만 거절하기 힘든 상황에 여러분을 몰아넣을 수도 있다.

에티오피아인은 외국인과 관계를 맺을 때 약간 경계하는 태도를 보이기도 한다. 에티오피아 사람들은 외국인을 실질적, 물질적으로 우월하다고 생각할 수도 있지만 또한 서양 문화가 자신들의 문화보다 도덕적으로 열등하다고 생각하는 경향이 있다. 특히 서양 문화에서는 가족에 대한 충성심이나 노인들에 대한 태도가 부적절하다고 생각한다는 점을 기억해두는 편이 좋다. 일부 서양인들은 가난한 사람들에게 '선을 행하기' 위해 에티오피아로 오고 일부는 에티오피아에서는 인정받지 못하는 도덕적 우월감을 품고 오는 까닭에 에티오피아와 서양인 간의 상호작용에서 충돌이 발생할 수 있다.

집 초대

에티오피아 가정에 식사 초대장을 받으면 케이크나 꽃을 선물로 가져가면 좋다. 답례로 에티오피아인이 여러분의 집을 방문하게 되면 아마도 케이크 전문점에서 산 케이크를 가져올 것이다.

에티오피아인은 대부분 외국인을 집으로 초대하기를 망설이지 않으며 시간은 주로 퇴근 후 저녁 시간이나 주말이 될 것이다. 전통적인 가정에서는 아내가 요리하더라도 식사를 함께 하지는 않는다. 대부분 커피를 제공하며 때에 따라 손님들 앞에서 화로에 커피를 볶기도 하고 손님을 위해 바닥에 잔디와 꽃을 깔기도 한다. 대화는 주로 종교, 철학, 정치, 그리고 맨체스터 유나이티드와 아스널 등 축구 클럽의 운명처럼 지적인 토론이 뒤따른다. 음식은 인제라injera(플랫브레드의 일종)와 다양한 스튜wot가 나오는 전통 에티오피아식이 제공될 것이다. 외국인 손님을 위해 특별히 서양식 빵과 맵지 않은 음식이 제공될 수 있지만 에티오피아 음식에 감사하는 태도를 보인다면 큰 환영을 받을 것이다.

인제라와 와트가 제공되는 식사를 할 때 오른손만 사용하여 먹는 것이 예의이다. 왼손은 불결하다고 여겨지기 때문이다. 식사를 끝내면서 작은 인제라 조각을 접시에 남겨 배불리 먹었다는 뜻을 표현하는 게 일반적인 관행이다. 만약 이렇게 하지 않는다면 더 많이 먹어야 한다는 압박을 받을 수 있다. 에티오피아에는 집주인이 손으로 직접 손님에게 음식을 먹여주는 관습이 존재하기도 하므로 와트를 곁들인 인제라를 손님의 입에 넣어줄 수도 있다. 만약 이런 행동이 달갑지 않다면 집주인이 불쾌감을 느끼지 않도록 잘 설명해 상황을 매끄럽게 넘기도록 하자.

에티오피아인을 어떻게 만날까?

에티오피아인들은 언제든 낯선 사람과 대화할 준비가 되어 있지만 진정한 우정은 대부분 소개나 공통의 직업적, 사업적 관심사로 시작되는 경우가 대부분이다. 외국인과 에티오피아인들은 비즈니스, 학술, 의료, 기술, 외교 등 다양한 분야에서 협력한다.

술집, 호텔, 식당 등에서 일반인을 만나는 것도 가능하지만 만나는 곳이 어떤 장소인지 잘 알고 있어야 할 것이다. 아디스 아바바에는 엄청나게 다양한 레스토랑, 바, 나이트클럽이 있다. 에티오피아에 처음 온 사람이라면 장소에 따라 기대한 바와는 전혀 다른 상황을 마주하게 될 수도 있다.

서로 다른 문화에서 온 남성과 여성의 관계

에티오피아인과 외국인의 결혼은 특이한 일이 아니다. 특히 수백 년 전부터 에티오피아에 정착해 온 동부 지중해 출신의 남성과 결혼한 에티오피아 여성은 드물지 않다. 그 이외 지역 출신의 외국인과 에티오피아인 사이의 로맨스와 결혼 또한 점점 더 흔해지고 있다. 이러한 관계는 매우 행복하고 성공적으로 이어질 때도 있지만 서로 다른 문화로 인해 긴장감이 유발될 수도 있다. 예를 들어 외국인 배우자는 시골에서 엄청나게 많은 수로 구성된 남편의 친척들이 올라와 지나치게 오래 머물기도 한다는 사실을 결혼 후 깨닫게 될 수도 있다. 또한 '이모', '삼촌', '누나', '형'이라는 용어가 가족에 입양된 사람들뿐만 아니라 많은 대가족 구성원을 포함한다는 사실을 알게 될 것이다. 그들에 대할 때에도 가까운 가족 구성원을 대하듯 예의를 지켜야 한다. 반면 에티오피아 여성은 외국인 남편이 연세 많은 가족을 부양하는 일을 꺼린다는 사실을 알게 될 수도 있다. 예를 들어 남편이 에티오피아인 장모를 서구에 있는 자신들의 집에 초대하는 일을 언짢아한다면 부인은 정말 화를 낼 수도 있다.

나이가 많은 서양 남성과 젊은 에티오피아 여성이 결혼하는 예도 많다. 이 경우 에티오피아의 아내는 경제적 안정을 찾고자 하는 야망을 품고 있을 수 있어서 경제적 안정이 제공되지 않으면 상처받을 수 있다. 이와 비슷한 예로 매우 젊은 에티오피아 남성이 나이가 많은 외국 여성과 결혼하고 나서 비자를 발급받고 서구로 이주하는 과정이 순조롭게 진행되지 않으면 절망하는 일도 있다.

이런 상황을 고려할 때 외국인들은 에티오피아에서 결혼이 평생 이어지는 관계가 아닐 수도 있다는 사실을 인식할 필요가 있다. 서양에서와 마찬가지로 에티오피아 문화에서도 남녀 간의 착취적인 관계가 있을 수 있다. 에티오피아에서 동성애는 환영받지 못하는 경우가 많고 불법이기도 하다. 그러므로 LGBT 여행자들은 매우 신중하게 행동하는 편이 안전하다.

하층 생활

에티오피아의 모든 마을에는 술집이 있는데 암하리어로는 완곡하게 부나벳^{buna bet} 또는 '커피하우스'라고 표현한다. 이런 술집에서 점잖은 여성은 거의 보기 힘들고 일부는 윤락업소나 호텔로 이용되기도 한다. 대개는 커피보다는 술을 판다. 매춘부와 성관계를 갖는 남성 여행자는 위험을 감수해야 한다. 매춘부 중에는 성병, 특히 에이즈 감염자가 드물지 않기 때문이다.

외국인이 차트를 씹는 모임에 초대될 수 있다. 차트를 씹는 이슬람교의 전통은 에티오피아 전체에 퍼져 있다. 차트는 관목^{Catha edulis}으로 매일 신선한 토막을 잘라낼 수 있다. 차트에 있는 암페타민과 같은 물질은 가벼운 마취제 역할을 하며 씹으면 처음에는 에너지와 흥분, 나중에는 졸음과 혼란을 유발한다. 하라르 문화를 제외하고는 차트를 씹는 일은 흔하지만 점잖은 행동은 아니다. 외국인은 차트에 대한 권유를 거절해도 괜찮지만 상대방이 약간의 불쾌감을 느끼게 될 수도 있다.

관계의 악용 피하기

동등한 관계는 최선의 결과를 유발한다. 동등한 관계는 물질적 불평등에 대한 죄책감 유발로 관계를 악용하지 않는다. 서로를 잘 아는 에티오피아인과 외국인은 대개 서로의 물질적, 교육적, 사회적 지위에 상관없이 동등한 관계를 이룰 수 있다.

하지만 착취적인 관계가 형성될 때도 있다. 에티오피아인과 외국인들이 관계를 악용하는 방식은 서로 다르다. 사업 파트너를 찾거나, 로맨스를 찾거나, 여행을 위해 친구를 사귀는 일부 외국인은 우정에 대한 에티오피아인의 진심을 오해하고 상대방을 존중하는 태도를 보이지 않는 실수를 저지르기도 한다. 에티오피아인 또한 자신의 집이나 가족의 요구와 외국인 친구와 함께 보내는 시간 사이에 균형을 맞출 필요가 있다.

외국인 중에서는 에티오피아 소녀를 가정부로 고용해 매우 긴 시간 동안 높은 수준의 서비스를 기대하면서도 지나치게 낮은 임금을 제공하고 개인적인 배려를 거의 하지 않는 이들도 있다. 하지만 에티오피아에서는 가정부 역시 인간적인 대우를 받아야 한다는 사회적 인식이 있고 가정부가 고용주를 자신의 집에 초대하기도 한다. 그러므로 적어도 직원을 개인적으로 알아가려고 노력하면서 공정한 임금을 지불하고 공평하게 대우해야 한다. 해외에 나갔다가 돌아올 때는 가정부를 위한 선물을 챙기고 집에 손님을 초대한다면 가정부에게 팁을 제공하는 것이 좋다.

에티오피아인들이 외국인을 악용하는 방식도 다양하다. 거리나 차로 위에서 구걸하기도 하고 편지나 미리 약속된 사적인 모임에서 돈을 요구하는 방법을 이용하기도 한다. 여러분이 동정심이 아주 많은 성격일 수도 있고 부탁하는 사람이 특별히 어려움을 겪고 있을 수도 있으므로 다양한 상황에 어떻게 대처해야 할지 고민하게 되기도 한다. 하지만 아첨하는 상황에 제대로 대처하지 못한다면 나중에 후회하게 될 수도 있다. 신중하게 판단하고 '아니요'라고 말하도록 하자.

인사와 작별

에티오피아인은 친구와 가족에게 다양한 방식으로 인사를 하는데 외국인 친구에게도 마찬가지이다. 이들은 포옹하거나 어깨를 만지거나 양쪽 볼에 키스하며 만약 오랫동안 만나지

못한 사이라면 처음 키스했던 쪽 볼에 다시 한번 키스하고 최소한 악수 정도는 하는 것이 예의이다. 전통적으로 양쪽 당사자는 상대방에게 안부를 묻고 (아무리 안녕하지 않더라도) 잘 지내고 있다고 답하며 '신께 감사'하다는 뜻으로 '이지아버 이임스겐Egziabher Yimesgen'이라고 덧붙인다. 이슬람교도들은 같은 의미의 아랍어인 '알함둘릴라Alhamdulillah'라고 말한다.

여러분이 오랜 시간 에티오피아를 떠났다가 다시 돌아오게 되면 에티오피아인 친구들은 여러분을 따뜻하게 맞이하고 그들의 소셜 네트워크에 복귀한 여러분을 환영할 것이다. 여러분이 해외로 나갈 때 에티오피아인 친구들은 에티오피아 기념품이나 아이들을 위한 티셔츠, 혹은 커피 한 봉지와 같은 선물을 주려고 할지도 모른다.

작별 인사는 대개 '잘 지내라'는 의미를 전하는 말로 표현하며 암하라어로 '데나후누Dehna hunu'라고 한다. 만약 여러분이 에티오피아인의 집을 방문했다면 그들은 대개 배웅을 위해 문이나 차까지 나오거나 혹은 건물 앞까지 따라 나올 것이다. 이런 행동은 암하라어로 메셰니예meshenyet라고 하며 '동행'을 뜻한다. 만약 여러분이 에티오피아에 오래 살다가 영원히 떠나는 상황이라면 작별 인사로 잘 차려진 식사를 대접받을 수도 있

다. 에티오피아인 친구들은 또한 가족을 배웅하듯 여러분을
배웅하기 위해 공항까지 나올 수도 있다.

05

에티오피아인의
가정

에티오피아인은 전통적인 공동체(또는 울타리)를 이루고 살아가는 방식을 선호한다. 공동체는 대가족이 일상을 공유할 수 있도록 안전을 보장하고 공간을 제공한다. 시골 지역의 가족은 진흙과 나무, 돌로 지어진 초가집에서 살고 집은 벽이나 문이 있는 울타리로 둘러싸여 있을 것이다.

집과 공동체

에티오피아인은 전통적인 공동체(또는 울타리)를 이루고 살아가는 방식을 선호한다. 공동체는 대가족이 일상을 공유할 수 있도록 안전을 보장하고 공간을 제공한다.

에티오피아 시골 지역의 가족은 진흙과 나무, 돌로 지어진 초가집에서 살고 집은 벽이나 문이 있는 울타리로 둘러싸여 있을 것이다. 울타리 안에는 대가족 구성원에 속하는 2, 3채의 집이 있을 수 있다. 울타리는 암하라어로 게비^{gebi}라고 부르며 영어로는 '공동체'로 번역된다.

이 패턴은 아디스아바바나 다른 대도시의 생활 방식에 맞게 변형되었으며 중산층은 큰 정문과 벽이나 울타리로 둘러싸인 가족 주택을 건설한다. 이 건물들이 모여 공동체를 구성한다. 토지가 부족한 아디스아바바의 현재 계획 규정에 따르려면 매우 작은 복합 건물을 지어야 하지만 지은 지 25년 이상 지난 주택은 정원이 다소 넓은 단층 빌라일 가능성이 높다.

도시의 가난한 사람들은 개인 임대주나 케벨레가 소유한 건물에서 한두 개의 방을 빌릴 것이다. 케벨레는 지역 의회와 유사하며 도시와 시골 지방 정부에서 가장 작은 단위이다. 이

아디스아바바의 현대적 주택

런 유형의 숙소는 표준적인 디자인에 맞게 지어진 아파트 단지인 콘도미니엄으로 빠르게 대체되고 있다. 에티오피아의 도시 사회는 아파트에 맞는 생활 방식으로 변화하는 중이다.

가족

에티오피아의 가족은 형제자매와 그들의 자녀, 집을 마련하지

티그레이 지역의 어머니와 아이들

못한 아들과 딸, 그들의 배우자와 자녀를 모두 포함한다. 도시의 가족은 시골의 가족보다 규모가 작으며 자녀가 두 명 정도라면 편안하고 감당할 만하다고 여긴다. 노부모가 함께 살기도 한다. 중산층 가정에는 상주하는 하인이 있을 가능성이 크고 보통 하인을 위한 방이 집 뒤편에 별도로 마련되어 있다.

대부분의 현대식 가정에는 안락의자가 몇 개 있거나 낮은 테이블을 둘러싼 소파가 갖춰진 거실이 있고 여유 공간이 있다면 식탁과 의자가 놓여 있을 것이다. 대부분이 사람들은 텔레비전을 갖고 싶어 하며 텔레비전은 주로 거실에 둔다. 메소브^{mesob}라고 부르는 에티오피아의 전통적인 식탁은 90cm 높이의 얕은 테두리가 있는 바구니로 인제라와 와트가 담긴 쟁반을 놓을 수 있는 바구니 받침대에 놓고 쓴다. 현대 에티오피아 가정에서는 메소브를 자주 사용하지 않는 집이 많지만 거실 어딘가에 전시하고 있는 경우가 많다. 주방이나 컵이 진열된 캐비닛에는 전통적인 방식으로 커피를 볶고 우려내는 도구를 포함하여 음식을 만드는 데 필요한 모든 장비가 갖추어져 있다. 현대 가정에서 조리 시설은 전기나 프로판 가스일 가능성이 크며 숯을 사용하는 작은 화로나 중국제 등유 레인지를 바닥에 두고 사용하는 가정도 있다.

가족이 함께 식사하는 시간은 에티오피아인의 삶에서 중요한 부분이다. 도시에서나 시골에서나 사람들은 일찍 일어나고 출근해야 하므로 아침은 가볍게 먹고 점심은 식당을 이용하거나 도시락으로 먹은 뒤 오후 7시경에 가족이 함께 저녁 식사를 한다. 에티오피아인 대부분은 오후 9시 30분에 잠자리에 든다.

에티오피아인은 종교적인 그림, 성경 문구, 가족사진 등으로 집을 장식한다. 큰비가 그치고 9월에 에티오피아의 봄이 찾아오면 집 주변을 조화나 생화로 꾸민 모습을 흔히 볼 수 있다.

일상생활

정교회 신도들은 규칙적으로 교회에 간다. 에티오피아인 중 상당수는 특정 성인이나 대천사를 섬기는 교회와 밀접한 관계를 맺고 있으며 일요일 아침마다 예배를 드리고 정기적인 교회 축제에 참석한다.

교회를 기반으로 한 협회인 메하버mehaber에 소속된 회원은 정기적으로 서로 대접하고 대접을 받는다. 메하버는 또한 이쿠브ikub라고 부르는 저축 모임과 장례공동체의 기능을 할 수 있으므로 사별한 가족은 장례 비용과 기타 비용을 전부 부담하지 않아도 된다. 이쿠브 멤버들은 모두 매달 고정된 분납금을 납부하고 장례를 치러야 할 때가 되면 그동안 냈던 납부금 전액을 돌려받는다. 이런 제도는 생명 보험 혹은 소액 금융 은행의 역할을 한다.

가톨릭과 개신교 신자 역시 일요일마다 교회 활동에 매진한다. 그러나 개신교는 보통 성인의 날을 기념하지 않으며 대개 교회의 단식 규정을 지키지 않는다.

이슬람교도는 일반적으로 이슬람 사원에서 열리는 금요일 정오 기도에 참석하며 라마단(이슬람력의 아홉 번째 달로 해가 뜰 때부터 해가 질 때까지 식사, 흡연, 음주, 성행위 등을 금하는 달–옮긴이)을 지킨다. 일요일은 공식적인 휴식일이므로 이슬람교도들은 식당에서 점심을 먹거나 소풍을 가기도 한다. 피크닉은 일반적으로 도시 외곽의 공원이나 화단, 의자, 테이블로 꾸며진 주요 도로의 가장자리에 있는 공간에서 즐긴다.

오로미아의 시장 풍경

악숨의 여성 의류 가게

　시골에서 매주 또는 작은 마을이라면 매주 두 번 열리는 시장에 참석하는 것은 상업적인 활동일 뿐만 아니라 사회적인 활동이기도 하다. 에티오피아에는 '목요일 시장'과 같은 장날 이름에서 마을 이름을 따온 곳이 많다. 마을 사람들은 장날에 오는 손님들을 위해 서비스를 제공한다. 판매자와 구매자들은 시장에 도착하기 위해 몇 킬로미터를 걸어야 할 수도 있지만 만약 그날 매출이 좋았다면 맥주와 비슷한 보리로 만든 음료인 텔라tella나 발효 꿀로 만든 더 강한 알코올 음료인 테즈tej로 기분 전환을 하고 집에 돌아가기도 한다.

아디스아바바에서도 시장은 중요하다. 메르카토Mercato라 불리는 아디스아바바의 시장은 동아프리카 최대의 재래시장이며 아디스아바바의 가장 중요한 비즈니스 공동체 중 하나의 본거지이다. 도시 곳곳에 있는 더 작은 규모의 시장에는 부엌에서 필요한 대부분의 물건을 파는 지붕이 있는 노점들이 있다. 시장 여기저기에서 양과 염소도 거래되기도 한다. 이 작은 시장들은 도심의 주변에 자리 잡고 있다.

일과

대부분의 에티오피아 중산층 가정은 남편과 아내가 같이 일해야만 생계를 유지할 수 있다. 그러므로 모두가 일찍 일어나 자녀들은 학교로 등교하고 어른들은 아침 7시 30분경이면 출근을 위해 택시나 버스를 탄다.

만약 가족이 경제적으로 여유가 있거나 시골에서 온 젊은 친척과 함께 거주한다면 한두 명의 하인이 있을 수도 있는데 하인은 대개 여성이다. 이들은 아침 식사 준비, 바닥 청소, 옷

세탁(대개는 손세탁) 등을 담당하며 지역 시장, 가판대 또는 작은 슈퍼마켓에서 음식 재료를 산다. 고기는 기독교나 이슬람교의 의례에 맞게 도살한 정육점에서 신선하게 구매한다. 닭은 보통 산 채로 사서 집에서 도살하고 털을 뽑는다.

저녁에는 자녀의 숙제를 돕거나 텔레비전을 보면서 시간을 보낸다. 주말에는 운동하거나 공원을 방문하기도 한다. 시골에서는 농사를 일구거나 심거나 수확하는 농사 계절에 따라 많은 것이 달라진다. 콩 더미에서 돌을 골라내는 작업에서부터 지난해 수확한 씨앗을 다음 해 성장 가능성을 극대화할 수 있도록 분류하는 작업에 이르기까지 모든 일이 수작업으로 이루어지기 때문에 아무도 한가한 시간을 보낼 여유가 없다.

교회 모임은 정부 개발 노동자들이 에티오피아 전통 맥주인 탈라^{talla}를

마시면서 환경이나 농업 혁신에 대한 메시지를 전달할 기회로 활용하기도 하는 사회적 행사이다. 여성들은 강에서 옷을 세탁하거나 물을 길어 나르면서 서로 어울린다. 교회나 강가에서 에티오피아인들은 친구를 만나고 소문을 퍼뜨리기도 하며 유대를 강화한다. 여성은 하루 동안의 집안일을 끝내고 나면 색 바구니를 짜는 등 수공예품을 만든다. 어린 소년들은 가축이 집 근처에서 풀을 뜯는 동안 돌보는 일을 담당하는데 이들 중에는 다섯 살 정도의 어린아이도 드물지 않다. 밤에는 도둑질이나 야생동물로부터 보호하기 위해 가축을 집안으로 들인다.

에티오피아인의 성장기

마을이나 시골의 모든 가정은 자녀가 학교에서 12년의 교육과정을 마치기를 바라고 적어도 초등학교에서부터 중학교까지 8년 동안은 학교에 보내기를 희망한다. 여아들이 조혼이나 가사노동을 돕느라 남아들보다 일찍 학교를 그만두던 시기가 있었지만 이제 그런 가정은 드물다.

국가는 무료 교육을 제공하며 수용할 수 있는 인원의 한계로 시골이든 아디스아바바에서든 아이들은 교대로 등교한다. 각 학급은 낮에 2교대로 운영되며 저녁에 등교하는 아이들도 있다. 학교에 가기 위해 하루에 장장 15킬로미터를 걸어야 하는 아이들도 있다. 에티오피아에서도 사교육은 빠르게 발전하고 있어서 주요 도시의 많은 부모는 자녀가 더 오래 공부하고 영어를 배울 수 있도록 엄청난 노력을 기울인다. 사립학교는 대략 오전 9시부터 오후 3시 30분까지 정규 수업을 진행하며 중산층 부모들은 택시나 공유 미니버스로 자녀를 학교에 데려

다준다.

최근 몇 년간 주립 및 사립 고등 교육의 기회가 크게 확대되어 이제 많은 에티오피아 부모는 자녀에게 고등 교육을 제공하기를 원한다. 대학생 나이의 자녀는 집에서 부모와 함께 살기도 하며 20대 중후반이 될 때까지 큰 마을에 사는 친척과 함께 지내기도 한다. 부유한 가정에서는 자녀를 인도, 유럽 또는 북미로 유학 보낸다. 에티오피아의 대학들은 사립과 국영 모두 매년 늘고 있다.

군 복무는 이제 징병제가 아니며 시골 출신 젊은이들이 집을 떠나 더 넓은 에티오피아 사회에 합류할 기회를 제공하기도 한다.

결혼

에티오피아에는 전통적인 방식과 현대적인 방식이라는 두 가지 매우 다른 결혼패턴이 공존한다. 아디스아바바와 같은 크고 현대적인 도시에서는 20대에서 50대에 이르기까지 다양한 연령대의 사람들이 결혼한다. 특히 남성들은 경제적으로 안정

될 때까지 결혼에 관한 결정을 미루는 까닭에 시기가 많이 늦어지기도 한다. 도시 여성 중에는 배우자를 찾기 힘들어하는 이들이 많고 평생 미혼으로 남는 경우도 많다. 젊은이들은 배우자를 직접 선택하길 원하고 자신들의 선택에 대한 가족들의 간섭을 달가워하지 않는다. 온라인 데이트 앱은 부유한 도시인이나 타국에 거주하는 에티오피아인들이 많이 사용한다. 에티오피아인들은 결혼하면서 기독교 신앙에서 이슬람교로 또는 그 반대로 개종하기도 한다. 교육받은 에티오피아인들은 결혼과 함께 개종하는 일에 대해 거부감이 적은 편이다.

반면 시골에서는 전통적인 패턴이 유지되고 있다. 젊은 남성은 보통 18세 이전에 결혼하여 가정을 꾸리고 신부는 11세 정도로 어린 경우도 있지만 합법적인 행동은 아니다. 종교에 상관없이 공식적으로는 모두 이런 관습을 반대하고 있고 지나치게 어린 소녀의 출산에 따른 위험성 등이 있는데도 조혼은 여전히 지속되고 있다. 중매 결혼은 10대 초반의 소녀와 그보다 훨씬 나이가 많은 남성이 주로 경제적인 이유로 맺어지는 경우가 많으며 강제 결혼을 피하고자 도시로 달아나는 소녀도 있다. 대부분의 결혼은 일부일처제이다. 일부다처제 이슬람교도와 이교도가 결혼하는 사례는 없지 않지만 예전보다는 덜 흔한 편이다.

이미 살펴보았듯이 도시에서나 시골에서나 결혼식에는 특정한 공통적인 요소가 존재한다. 도시에서는 리본과 꽃으로 장식된 자동차와 리무진 행렬이 신부를 집에서 결혼식장으로 데리고 오고 사진을 찍기 위해 신혼부부를 공원으로 데려간 뒤 피로연에 참석한다. 피로연에는 생고기를 포함해서 다양한 음식으로 꽉 찬 테이블이 준비되며 정육업자가 그 자리에서 손님 한 명 한 명에게 생고기를 잘라준다.

시골에서는 차량 대신 밝은색 옷을 입은 말들이 등장하고 자동차 경적 대신 놋쇠 트럼펫 소리를 들을 수 있다. 피로연은 호텔이 아닌 텐트 아래에서 열리지만 결혼식 행사의 기본 패턴은 같다.

결혼식에 축복을 더하기 위해 성직자가 참석할 수 있지만 오직 헌신적인 정교회 신자들만이 교회에서 결혼한다. 교회에서 열리는 결혼식은 토요일이나 일요일 새벽 예배 동안에 열리며 나머지 모든 예배 절차가 뒤따른다.

죽음과 애도

장례식은 항상 공동체 전체가 참석하는 중요한 행사이다. 시골에서 장례식은 부락이나 작은 마을 구성원이 모두 함께하는 행사이다. 도시의 장례식에는 고인의 친구, 가족, 직장 동료가 모인다. 화장은 없으며 정교회와 개신교 신자, 이슬람교도는 서로 다른 공동묘지에 묻힌다.

　장례식이 끝난 후에는 조문객에게 음식과 음료를 제공할 수 있도록 천막을 치고 자리를 마련한다. 유족들은 천막 아래에서 며칠 동안 친구와 친척의 조문을 받는다. 대부분은 조용히 앉아 있거나 30분에서 한 시간 정도 낮은 목소리로 대화를 나눈다. 만약 외국인이나 방문객이 죽은 사람과 어떤 종류로든 관계가 있었다면 잠깐이나마 장례식장에 방문해 유족을 위로하는 시간을 가져야 한다. 에티오피아에서는 장례식에 꽃을 가져가거나 보내서는 안 된다.

　에티오피아인은 가까운 친척이 죽은 후 최대 1년 동안 검은색 옷을 입는다.

에티오피아의 한 해

앞서 살펴본 바와 같이 에티오피아는 고대 이집트인이 사용했던 콥트력을 따르며 종교적이고 농업적인 주기에 따라 생활한다.

주요 축제는 공휴일이며 며칠간 고향을 방문하거나 가족과 함께 집에 머무는 날이다. 9월 11일은 메스켈Meskel이라고 부르는 새해이며 9월 29일은 큰비의 계절인 크렘트의 마지막 날이다. 1월 7일은 크리스마스 그리고 1월 19일은 예수 공현 대축일이다. 10월에 열리는 오로모의 봄 축제인 이리차Ireecha는 최근 들어 더욱 주목받는 행사가 되었다. 부활절과 주요 이슬람 축제들은 매년 날짜가 달라진다. 이러한 축제 기간 사람들은 교회 예배나 종교의식에 참석할 뿐만 아니라 사순절이나 라마단 금식을 중단하고 고기를 먹으며 기념한다. 가족들은 닭이나 양 한 마리를 사거나 소 한 마리를 나눠 가진 다음 축제 당일 이른 아침에 도살한다.

축제를 맞아 휴양지를 방문하는 이들도 있다. 에티오피아에서 해변 휴양지와 가장 가까운 곳은 리프트밸리에 있는 랑가노Langano 호수이다. 호텔이 꽉 들어찬 이곳을 방문한 이들은 수영하거나 햇빛 아래 누워 있을 수 있다. 아디스아바바 주민들이 가장 좋아하는 다른 휴양지는 남쪽으로 차로 한 시간 거리에 있는 비쇼프투Bishoftu의 분화구 호수나 아다마(또는 나사렛)에서 남쪽으로 몇 킬로미터 떨어진 소데레Sodere이다. 소데레의 수영장은 온천수로 채워져 있다.

에티오피아 사람들은 축제를 제외하고는 휴가를 거의 가지 않는다. 몇 년에 걸쳐 몇 달의 연차를 축적한 뒤 3개월 정도 미국이나 유럽에 있는 친척이나 친구를 방문하기도 한다.

농촌에서는 농업의 리듬이 더 중요하다. 밭은 5월에 큰비(크렘트)가 오기 전에 경작하고 6월이나 7월에 곡식을 뿌려 9월에 비가 그친 뒤 익을 수 있도록 준비한다. 그런 다음 12월까지 수확하고 타작해 분류한다. 렌틸콩, 병아리콩, 콩과 같은 작물은 다른 주기에 따라 경작되지만 모든 작업은 크리스마스 혹은 크리스마스 직후 완성된다. 길고 건조하며 더운 몇 달 동안에는 3월이나 4월에 짧은 비가 충분히 오거나 인접한 강에서 관개용수가 제공되지 않는 한 수확할 만한 작물이 별로 없다. 이런 상황에서 에티오피아인들은 호박, 양파 또는 토마토를 재배한다.

짧은 비가 내릴 것인지, 그 비로 인한 강수량은 7월 큰비가 내리기 전에 수확하기에 충분한 양인지는 매년 농사에 큰 영향을 준다.

에티오피아 남부와 서부의 커피 가격과 연간 생산량은 수백만 명의 에티오피아인들에게 매우 중요한 이슈이다. 어떤 해는 풍작을 이루지만 그렇지 못한 해도 있다. 전 세계 커피 가격은 오르락내리락하며 통신의 발달로 아주 멀리 떨어진 곳의 재배자도 날마다 그들이 재배하는 제품의 가치를 파악할 수 있다. 매년 큰비가 내린 후 새로운 커피 수확의 시작은 소규모 농부에서부터 외환을 애타게 바라는 정부에 이르기까지 모두에게 중요하다.

옷차림

시장이나 교회 밖에서 사람들은 대개 그 지역에서 짠 면으로 만든 흰색의 숄, 머리 스카프, 드레스, 남성용 승마바지를 입는다. 하라르와 같은 이슬람교 지역과 저지대에서만 흰색 이외의 다양한 색 옷을 볼 수 있다.

도시에서는 서양식 복장이 일반적이고 전통적인 시골 복장

전통적인 흰색 카프탄을 입은 에티오피아 여성들

을 대체하고 있지만 특별한 경우에는 모든 에티오피아인이 전통적인 스타일로 돌아가며 조금씩 업데이트되기도 한다. 여성들은 끝부분에 자수를 놓은 긴 흰색의 기본적인 면 카프탄을 입고 허리에는 색깔이 있는 끈을 맨다. 재산이나 신분에 따라 자수는 더 넓고 화려하다. 모든 에티오피아 여성은 결혼할 때 혼숫감으로 받기도 하므로 카프탄을 여러 벌 가지고 있다.

남성의 격식을 차린 옷차림 또한 흰색이다. 흰색 승마바지 또는 헐렁한 바지와 위에 짧은 흰색 카프탄을 입고 흰색 신발로 마무리한다. 온통 흰색인 복장에 유일한 색깔은 에티오피아 국기를 구성하는 빨강, 초록, 노란색으로 주로 이음매나 모자 가장자리를 장식한다.

어깨나 머리 위로 두르는 숄은 샤마shama(엮어 만들었다는 뜻)라고 부르며 주로 여성들이 착용한다. 더 두꺼운 가비gabi는 날씨가 좀 더 시원한 고지대에서 꼭 필요하다.

서양 패션이 성행하는 도시 지역 여성은 몸에 꼭 맞는 청바지와 유행하는 신발을 즐겨 신으며 사고방식이 좀 더 자유로운 편이다. 남성들 역시 아주 특별한 모임이 있는 날이 아니라면 재킷과 넥타이를 거의 입지 않는다.

학생들은 전부 교복을 입는데 여학생은 일반적으로 발목까지 오는 수수한 치마 교복을 입는다. 이슬람교도 여성은 항상 긴 치마와 머리 스카프를 착용한다.

커피

커피는 에티오피아의 국민 음료이다. 서양에서 부르는 커피라는 이름은 에티오피아 남서부의 카파Kafa 지방에서 따왔으며 칼디[Kaldi]라는 이름의 에티오피아 염소치기가 '발견'했다고 전해진다. 암하라어로 커피는 부나[buna]이며 앞서 살펴본 바와 같이 커피 마시기에는 많은 관습과 의식이 존재한다. 에티오피아 전역에서 커피를 마시며 모든 마을에는 커피숍이 있고 노점에서 팔기도 한다. 시골 여성 역시 아디스아바바의 중산층 여성들처럼 서로를 초대해서 커피를 마신다. 손님과 함께 한 식사 뒤에는 항상 커피가 나오는데 향신료를 곁들이기도 하고 우유를 넣지 않기도 하며 손님이 원한다면 설탕을 한 스푼 가득히 넣어 제공되기도 한다.

06

여가생활

에티오피아에서 도시 밖에 사는 사람들은 사회적, 전통적인 활동을 종교적인 휴일이나 국경일에 맞추기도 한다. 결혼식이나 장례식과 같은 가족이나 공동체의 의무는 꼭 필요하다. 특히 종교적으로 독실한 사람들은 가장 좋아하는 성인을 기리는 시간을 마련하거나 순례를 떠나기도 한다.

에티오피아의 여가 활동은 전통적인 게임에서부터 현대적인 스포츠, 위스키 한 잔을 마시며 즐기는 지적 토론에 이르기까지 다양하다. 사람들이 무엇을 하기로 선택하느냐는 그들이 도시에 사는지 시골에 사는지 그리고 얼마나 많은 수입을 저축해야 하는지에 달려 있다. 전국 각지에 널려 있는 커피숍에서 남성과 여성들은 친구와 어울리며 이야기하고 커피나 탄산음료를 마시며 휴식을 취하고 시간을 보낼 것이다. 마을 식당에서 저녁 식사를 즐기고 공원에서는 가족이나 친구와 산책한다. 에티오피아인은 또한 왓츠앱, 바이버, 텔레그램과 같은 소셜미디어나 메시지 앱을 통해 친구나 가족과 교류하면서 점점 더 많은 시간을 보내고 있다.

예전에는 가정에서 정기적으로 가베타Gabeta(돌멩이와 구멍을 이용한 보드게임)나 에티오피아 체스와 같은 전통적인 게임을 즐겼다. 하지만 오늘날 도시에서는 텔레비전이 그 자리를 차지하게 되었다. 방 한구석을 차지하게 된 텔레비전은 배경음악처럼 거의 항상 켜져 있기도 한다. 바, 호텔 및 기타 공공장소에서도 텔레비전을 볼 수 있는데 집에 텔레비전을 갖춰 둘 여유가 없는 사람들에게 특히 유용하다. CNN과 국제 스포츠 채널이 등장하는 위성 텔레비전은 이제 매우 외딴 시골 지역에서도 볼 수 있다. 영국과 이탈리아 축구팀의 승부에 관한 소식은 에티오피아 곳곳으로 전해진다. 시골 작은 마을의 주요 거리에서 탁구나 테이블 축구를 즐기는 사람들의 모습은 심심찮게 눈에

공휴일	
에티오피아의 공휴일은 총 13일로 기독교나 이슬람교의 축제일과 중요한 국가 행사를 기념한다.	
9월 11일	에티오피아 달력의 새해 첫날(성 요한의 날). 모닥불을 피우며 휴일이다.
9월 27일	메스켈 축제. 성 헬레나가 예루살렘에서 성 십자가를 발견한 날과 큰비가 끝남을 기념하는 날
1월 7일	단식 후 크리스마스(리데타, Lidetta)
1월 19일	예수 공현 대축일 또는 그리스도의 세례(팀켓, Timket). 성직자들이 수영장이나 개울 주변에서 교회의 타봇을 들고 행진하고 군중들에게 성수를 뿌리는 화려한 의식
3월 2일	아드와 전투 승리의 날. 메넬리크 2세가 1896년 이탈리아를 상대로 승리한 날을 기념하는 비종교적인 휴일
3월부터 4월까지	성금요일과 부활절, 보통 서양의 같은 기념일보다 늦고 날짜가 바뀌며 장기간의 단식 후에 오는 가장 중요한 기독교 축제
5월 1일	국제 노동절
5월 5일	1941년 이탈리아 파시스트 점령의 몰락을 기념하는 에티오피아 애국자들의 승리의 날
5월 28일	1991년 데르그 정권의 붕괴
이슬람교의 축제인 이드 알피트르Id al-Fitre(라마단의 끝을 알리는 축제), 이드 알아드하Id al-Adha(희생제), 마울리드Maulid(예언자 모하메드의 생일을 기념하는 축제)는 이슬람 음력 날짜를 따르고 매년 몇 주 일찍 기념한다.	

띈다.

도시 밖에 사는 사람들은 사회적, 전통적인 활동을 종교적인 휴일이나 국경일에 맞추기도 한다. 결혼식이나 장례식과 같은 가족이나 공동체의 의무는 꼭 필요하다. 특히 종교적으로 독실한 사람들은 가장 좋아하는 성인을 기리는 시간을 마련하거나 순례를 떠나기도 한다.

에티오피아인은 가족과 관련된 모임이나 종교적인 행사에 집으로 외국인을 초대하기를 전혀 꺼리지 않는다. 또한 초대를 받는다면 호기심을 가지고 기꺼이 외국인의 집에서 식사하거나 콘서트를 보거나 함께 도시 밖의 관광지를 방문하려고 할 것이다. 하지만 도시에 사는 에티오피아인은 대체로 시골의 고요함보다 밝은 빛을 더 좋아하기 때문에 헐벗은 산등성이를 오르는 것보다 아디스아바바 외곽의 온천이나 마을 방문을 더 선호할 수도 있다. 그러나 항상 예외가 있을 수 있으므로 상대방에게 물어보는 편이 안전하다.

에티오피아인들은 대부분 평소 사진 찍히기를 싫어하지만 주요 축제에서는 사진을 찍히더라도 크게 개의치 않는다.

퇴근 후와 주말

직장에 다니는 에티오피아 사람들에게 주말과 퇴근 후의 저녁
은 마음을 가다듬고 휴식을 취하는 시간이다. 결혼한 이들은
취학 연령의 아이들과 함께하기도 하며 미혼이라면 친구들과
시간을 보내거나 카페나 술집에 가기도 한다. 자격증을 추가
해 자신을 발전시키려고 노력하는 사람들은 공부하거나 야간
학교에 가기도 한다. 훌륭한 박물관들이 전국적으로 확산되면
서 에티오피아인들은 자국의 업적과 역사에 감탄하고 배울 수
있는 또 다른 기회를 얻고 있다.

아디스아바바에서 일하는 사람들이 일과 후에 사람들과 어
울리는 방식은 계급이나 종교에 따라 다르다. 개신교 신자들
은 술을 전혀 마시지 않지만 부유한 정교회 신자들은 술과 함
께 축하하는 일을 대수롭지 않게 여긴다. 물담배 바는 마을의
부유한 지역, 특히 볼레^{Bole}에서 성황을 이루고 있다. 그러나 물
담배 판매는 불법이며 2015년 도입된 엄격한 법률에 따라 공
공장소에서의 흡연이나 가향 담배의 판매를 금지한 후 술집은
경찰 급습의 표적이 되었다.

쇼핑은 경제적으로 여유가 있는 사람들을 제외하고는 대체

로 즐기기 힘들다. 카드가 보편화되고 있지만 여전히 대부분의 장소에서 현금이 사용되고 있다. 모바일 결제 앱이 도입되기 시작했으며 가장 많이 사용되는 앱은 에티오피아 상업은행이 개발한 'CBE Birr'이다.

결혼식과 가족 행사

앞서 살펴본 바와 같이 결혼식은 중요한 사회적 행사이다. 일반적으로 교회나 호텔에서 결혼식을 치르고 난 뒤 차를 타고 도시 주변을 드라이브하는 모습을 모두 영상으로 담는다. 곧이어 피로연이 열리며 생고기를 포함한 여러 가지 음식을 차린 테이블이 마련된다. 피로연에는 대개 밴드와 전통가요를 부르는 솔로 가수의 무대가 마련된다. 며칠 후에는 관습적으로 신부 가족이 주최하는 멜스[mels]라고 부르는 두 번째 피로연이 열린다.

만약 여러분이 결혼식에 초대받는다면 정장을 차려입고 참석해 테즈[tej](꿀이 들어간 와인)를 가볍게 마시고 춤, 특히 전통적인 어깨춤인 에스키스타[eskista] 춤을 즐겨보자. 선물을 가져갈 필요는 없지만 신랑 신부의 옷에 지폐를 꽂아주는 춤이 있을 수 있으므로 지폐를 준비하는 게 좋다.

에티오피아인들은 사교적인 행사에 참석할 때 어쩔 수 없이 아이들을 두고 가지만 어린아이들은 식당에서 밤늦게까지 돌봐준다. 중산층 에티오피아인들은 자녀의 생일 파티에 크게 신경 쓰고 돈을 아끼지 않는다.

메나페샤

에티오피아인들은 바람 쐬러 나가기를 즐긴다. 마을이나 도시의 외곽에는 신선한 공기를 마실 수 있는 메나페샤^{Menafesha}로 알려진 휴양 공원이 많이 있어서 사람들은 휴식을 취하고 맥주나 탄산음료와 음악을 즐긴다. 메나페샤에는 나무와 꽃이 피는 관목과 정자가 있고 차양 아래 테이블과 의자들이 있다. 이런 시설은 매우 고급스러운 것부터 저렴하고 간단한 종류에 이르기까지 다양하다. 결혼식과 다양한 파티가 메나페샤에서 열리기도 하며 꽃이 가득한 사진을 찍기 위해 행사와 식사 시간 사이에 방문할 수도 있다. 일부 메나페샤에는 어린이를 위한 회전목마와 그네가 있다.

온천

에티오피아인은 뜨거운 온천을 좋아한다. 아디스아바바는 19세기 말 타이투 황후가 애용하던 오로모^{Oromo}라는 이름의 온천 근처에 세워졌다. 이 온천은 이제 다양한 등급과 가격의 공중목욕탕에 온수를 공급하는데 목욕 후에는 전통적인 에티오피아 음식을 먹을 수 있다. 아디스아바바에 있는 힐튼 호텔과 기온 호텔의 수영장에는 온천수가 공급된다.

아디스아바바 외곽 아다마 인근의 소데레에 있는 휴양지는 온천수로 채워진 수영장이 2개 있어서 에티오피아인들에게 인기가 많다. 아디스아바바에서 서쪽으로 2시간 거리에 있는 암보는 에티오피아 최초로 병에 담긴 생수를 생산한 곳으로 지금은 탄산수를 생산하는 곳이다. 중산층 에티오피아인들은 주말에 자녀를 동반하거나 미혼 에티오피아인들과 함께 여행을 가기도 한다. 차가 없는 사람들은 버스로 나들이하기도 한다.

다양한 스튜와 함께 먹는 인제라 플랫 브레드는 에티오피아 요리의 주식이다.

에티오피아 요리와 음료

요리는 다양한 음식으로 구성되는 고급 예술로 최고의 요리를
접할 수 있는 곳은 결혼식이나 특별한 행사장이다. 대부분의
요리에는 매운 고추를 포함한 향신료 혼합물인 베르베레^{berbere}
가 들어간다. 가정에서 에티오피아 사람들은 전통적으로 한
접시에 음식을 차려 함께 먹는다. 대개 조용히 식사하며 혼자
배불리 먹는 행동은 무례하다고 간주한다. 또한 칼날 대신에

오른손을 사용하지만 손을 절대로 핥아서는 안 된다.

에티오피아의 주요 곡물은 테프[teff]이다. 테프로 지름 60센티미터 크기의 접시를 덮을 만한 커다랗고 납작한 빵인 인제라[injera]를 만들어 각종 맛있는 스튜인 와트와 각종 요리를 올려 먹는다. 손님들은 식탁에 둘러앉아 인제라로 스튜를 싸서 먹는다. 편안한 분위기의 식사에서는 인제라를 잘라 가운데 접시에 롤 형태로 제공하며 각자 롤에 소스, 채소, 그리고 원하는 와트와 함께 먹는다. 테프가 풍부하지 않을 때는 다른 곡물로 인제라를 만들기도 한다.

와트는 닭고기[doro wot], 양고기[ye beg wot], 쇠고기[ye bere sega] 등 고기로 만든 스튜이다. 티브[tibs]로 알려진 튀긴 고기 역시 흔한 음식이다. 고추가 들어가지 않은 스튜는 알리차[alicha]라고 부른다. 에티오피아인들은 에티오피아 요리의 매운맛을 힘들어하는 외국인이 많다는 사실을 알고 있어서 손님에게 알리차와 같이 부드러운 음식을 한두 종류 제공하기도 한다. 킷포[kitfo]는 아주 살짝 요리하거나 날것으로 다진 고기이다. 킷포는 코티지 치즈[ayb]나 에티오피아 고유의 양배추[goman]를 비롯해 다양한 채소와 함께 먹는다. 푸딩은 찾아보기 힘들고 식사 후에는 신선한 과일이 제공되며 케이크는 커피숍에서 인기가 많다.

금식일에는 병아리콩을 갈아 만든 시로와트, 렌틸콩으로 만든 미스르 와트misr wat, 생선 등을 먹을 수 있다.

꿀은 에티오피아에서 매우 귀한 식재료이다. 꿀은 아이들에게 버즈berz라고 불리는 달콤한 음료로, 어른들에게는 테즈tej라는 이름의 알코올성 와인으로 제공된다. 탈라Talla는 보리로 만들고 게이쇼geisho라는 허브로 맛을 낸 지역 맥주이다.

시다모와 구라게 지방의 주식은 엔세트enset(가짜 바나나)로 만든 음식이다. 남부지역에서는 옥수수가 자라고 이용된다. 테프를 재배할 수 없는 지역에서는 수수로 인제라를 만든다. 동쪽에서는 염소 고기나 쌀과 같은 소말리아 음식이 더 흔하다.

에티오피아 식단에 가장 큰 영향을 미친 국가는 아마도 이탈리아일 것이다. 파스타는 외딴 시골 지역을 포함하여 에티오피아 각지에서 흔하게 접할 수 있다. 외국에서 유입된 토마토, 감자, 양배추 등의 재료는 에티오피아 요리에 잘 녹아들어 있다.

외식과 술집

에티오피아인은 외식을 좋아하며 젊고 미혼인 사람들은 나이
트클럽과 술집을 즐긴다. 에티오피아인은 물론 전통 음식을 선
호하지만 향신료를 가미하면 에티오피아의 맛에 가까워지는
다양한 외국 음식이 있다. 예를 들어 에티오피아 버전의 스파
게티 볼로네즈는 고추나 베르베레가 풍부한 토마토소스로 만
든다. 에티오피아식 생선 굴라시는 헝가리식 굴라시에 향신료
가 추가되며 달지 않다.

보리 반죽 볼로 만든 간식 티흘로(tihlo)를 스튜에 담가 먹는 모습

　　대부분의 마을에는 부유한 에티오피아인들이 외식할 때 이
용하는 현대식 호텔이 있다. 오믈렛(에티오피아식으로 고추가 들어간)
과 같은 간단한 식사는 일반적으로 길가의 식당에서 먹을 수
있다. 에티오피아 사람들은 공공장소에서 식사하는 것을 좋아
하지 않기 때문에 의자와 테이블은 대개 건물 안에 있거나 벽
으로 둘러싸여 있다.

　　태생적으로 호기심이 많은 까닭에 교육을 받은 에티오피아
인은 외국인 친구와 호텔이나 식당에서 식사할 기회가 생긴다

아디스아바바의 술집에서 테즈(꿀술)를 마시는 모습

면 반가워할 것이다. 아디스아바바에서는 인도, 아르메니아, 그리스, 이탈리아 음식을 비롯한 다양한 요리를 즐길 수 있다. 이 중 상당수의 식당은 에티오피아 손님의 취향에 맞게 매운 음식을 제공한다. 현재 아디스아바바의 일부 지역에는 미국식 패스트푸드점과 음식 배달 서비스가 운영되고 있다. 딜리버아디스 Deliver Addis는 온라인 주문 시스템을 사용하는 회사 중 하나이다. 운전자가 주문한 음식을 들고 도착하면 고객에게 전화를 걸고 고객은 음식을 받으면서 현금을 지불한다.

도시와 시골 어디에서든 술집은 흔하다. 아디스아바바의 부유한 젊은 에티오피아인과 서양인들이 선호하는 술집으로는 볼레 지역 에드나몰 인근의 '블랙펄$^{Black Pearl}$', 인근 '월로 세이퍼'에 있는 'HQ 아이리쉬 펍', 볼레 로드의 보스턴 데이 빌딩 꼭대기 층에 있는 '미드타운 로케이션' 등이 있다.

성매매업소로 사용되기도 하는 점잖지 못한 술집은 일반적으로 완곡하게 부나베토치$^{buna\ betoch}$(커피하우스)라고 부른다.

탈라베이트$^{talla\ beit}$는 시골에서 지역 맥주를 살 수 있는 곳이다. 뒤집힌 머그컵이나 빈 깡통이 기둥 위에 올려져 있는 모습으로 표시되어 있고 실용적이며 평판이 나쁘지 않다.

스포츠

에티오피아 사람들은 스포츠에 열정적이다. 팀 게임을 좋아하면서도 달리기와 같은 개인적인 종목에도 뛰어나다.

아디스아바바의 중산층 사이에서 인기 있는 스포츠는 테니스와 자전거 타기이다. 마을에서는 열정적인 젊은이들이 공공장소에 설치된 탁구대에서 탁구채를 휘두르는 모습을 볼 수 있다. 작은 마을에 사는 아이들마저도 영국 프리미어리그 축구팀을 잘 알고 있다. 아디스아바바에 있는 축구 경기장은 늘 축구 애호가들로 가득하다. 하지만 에티오피아는 아프리카에서 가장 인기 있는 축구 경기에서 최근 좋은 성적을 보여주지 못했다.

개인 스포츠인 달리기는 훨씬 더 좋은 성과를 보여주고 있다. 에티오피아는 올림픽 종목 중 5,000미터, 10,000미터, 마라톤 경기에서 엄청난 메달을 획득한다. 에티오피아인들은 전 세계적으로 장거리 달리기 종목에서 월등하며 특히 맹렬한 결승 질주에 뛰어난 것으로 유명하다. 하일레 게브르셀라시에, 케네니사 베켈레, 티루네시 디바바와 같은 유명한 운동선수들은 그들의 업적뿐만 아니라 에티오피아의 국격을 높일 수 있었던 능력으로 존경받고 있다.

돌아오는 영웅들은 비행기에서 내리는 순간부터 볼레 로드를 따라 행진할 때까지 열렬히 환영받는다. 주요 도로나 아디스아바바 뒷산 엔토토 경사면에서는 달리기 선수들이 훈련하는 모습을 볼 수 있다. 매년 수천 명이 자선 행사인 그레이트 에티오피아 런Great Ethiopian Run에 참가하며 이들은 아디스아바바 중심부의 메스켈 광장을 출발해 아디스아바바 주변을 돌아 다시 메스켈 광장으로 돌아오는 총 10킬로미터 코스를 달린다.

시골에는 전통적인 게임을 즐기는 이들이 여전히 많다. 거스^{Gugs}는 말을 타고 하는 경기로 두 명의 마부가 창과 같은 장대를 들고 서로에게 돌진해 상대편을 물리치는 게임이다. 거스는 아디스아바바 주변의 오로모 지역에서 여전히 인기 있다.

제나^{Genna}는 필드하키와 비슷한 경기로 양편으로 나뉜 선수들이 공을 막대기로 치는 경기이다. 제나는 특히 크리스마스에 인기가 많은데 제나라는 이름은 암하라어로 크리스마스를 뜻한다.

에티오피아인들은 폴로, 장애물 뛰어넘기, 경주 등의 서양 경기 역시 도입했다. 오로미아에서는 결혼식 날 화려하게 장식된 산을 타는 마부들이 등장하며 이런 모습은 사진으로 자주 볼 수 있다.

음악과 예술

에티오피아에는 대중적 음악과 엄숙한 음악의 풍부한 전통이

존재하며 지역적 관습을 반영하는 다양한 악기가 있다. 활로
연주하는 한 줄로 된 현악기인 마싱코^{masinko}, 크라^{krar}, 라이어^{lyre},
와신트^{washint}, 파이프 등의 악기가 있다.

아즈마리^{azmari}라고 불리는 가수가 악기를 연주하기도 한다.
레스토랑이나 나이트클럽에서 아즈마리는 청중에게 어울리는
즉흥적인 노래를 만들기도 하는데 손님들을 칭찬하거나 모욕
하거나 혹은 한 번에 칭찬과 모욕을 모두 충족할 만큼 능숙하

아디스아바바의 라이브음악

게 만들어진다. '밀랍과 금'으로 알려진 이 전통적인 말장난을 영어로 번역하는 일은 거의 불가능에 가깝다.

색소폰과 같은 서양 악기를 사용하며 아디스아바바에서 활동하는 밴드와 가수들은 많은 팬을 보유하고 있다. 이 밴드 중 상당수는 전통적인 리듬과 민속 음악의 영향을 받았지만 자신들의 음악을 독특한 현대적 스타일로 발전시켰고 젊은 에티오피아인들 중에서도 특히 재즈 스타일에 열광하는 팬층을 확보하고 있다. 아디스아바바에 있는 펜디카 문화 센터^{Fendika Cultural Centre}는 음악과 미술을 사랑하는 에티오피아 중산층과 외국인 사이에서 명성이 높아지고 있다.

에스키스타^{eskista}라고 부르는 전통적인 춤은 주로 밴드의 리듬에 맞춰 어깨를 움직이는 동작으로 이루어진다.

예배 음악의 역사는 6세기 티그레이인 성 야레드로 거슬러 올라간다. 에티오피아 교회 음악의 아버지로 인정받고 있는 성 야레드는 모든 정교회 예배에서 사용되는 독자적인 성가를 만들었으며 서양보다 앞서 표기 체계를 세웠다. 교회성가대 일원이 되어 예배에서 찬송가를 부르고 춤을 추는 활동은 에티오피아인에게 매우 자랑스러운 일이다.

시각 예술은 교회용으로 개발된 전통적인 형태에 주로 기반을 두고 있으며 상징적이고 2차원적인 스타일이다. 모든 교회는 성경과 성인들의 삶을 담은 장면을 담고 있다.

아디스아바바에는 에티오피아인들 사이에서 인정받는 미술학교가 있지만 해외 유학을 다녀온 예술가들이 발표하는 추상미술 작품의 인기는 날로 높아지고 있다. 조마박물관처럼 예술을 지적으로 탐구하고자 하는 기관이 등장하고 있으며 이들은 서양과 에티오피아 예술 형태의 융합을 추구하고 있다. 아디스아바바의 유명한 미술관으로는 알리앙스 프랑세즈[Alliance Française], 마쿠시 갤러리[Makush Gallery], 세인트 조지 갤러리[St. George's Gallery] 등이 있다. 현대 에티오피아 예술가들의 작품은 다양한 식당에 전시되어 있다.

시각 예술(과 인문학)은 인기 있는 종교적인 예술을 제외하고는 학교 교육과정에서 과학보다 더 낮은 평가를 받고 있다.

쇼핑

아디스아바바에서는 특정 차량의 예비 부품이나 예술가를 위한 소재와 같은 매우 전문적인 상품을 제외하고는 거의 모든 물건을 어딘가에서 살 수 있다. 상품의 가격은 천차만별이라서 같은 상품이라도 메르카토 시장 구역에서 부르는 가격과 서구적인 슈퍼마켓의 가격에는 엄청난 차이가 있을 수 있다. 메르카토 시장을 샅샅이 훑으려면 엄청난 체력과 가격 흥정 기술이 필요하므로 시내 곳곳에 계속해서 늘어나고 있는 수많은 쇼핑 아케이드 중 한 곳에서 쇼핑하는 것이 더 효율적일 수 있다. 엽서와 연하장은 서점, 호텔 내의 상점 또는 중앙 우체국에서 구입하는 편이 제일 낫다. 에티오피아 기념품은 중앙 우체국 뒤나 처칠 대로에 있는 다양한 가판대나 큰 호텔에서 살 수 있다. 현금 자동 인출기는 주요 호텔, 주요 은행 지점, 쇼핑몰에 존재하지만 도시 밖에서는 찾기 어렵다. 신용카드 사용이 점점 더 늘고 있으며 특히 항공사와 대형 여행사에서 사용하기 좋다. 다양한 발전이 이루어져 왔고 CBE 비르[CBE Birr]와 같은 현지 디지털 결제 앱이 도입되었지만 에티오피아는 여전히 현금 기반 사회이다.

방문할 만한 곳

아디스아바바 엔토토산의 경사면에 있는 엄청난 규모의 굴레레 식물원Gulele Botanic Garden에서는 신선한 공기를 마시며 산책을 하고 도시의 경치를 즐길 수 있다. 2019년 메넬리크 궁전 근처에 문을 연 유니티 파크Unity Park는 동물원, 토착 식물, 지역 문화의 삽화뿐만 아니라 왕실의 방, 왕의 알현실, 연회장을 결합한 현대적 박물관의 훌륭한 예시를 보여준다. 에티오피아의 지난 150년간의 발전사를 이곳에서 살펴볼 수 있으며 알현실 지하에는 데르그 정권의 도를 넘는 행위에 관한 전시물이 들어서 있다.

방문하면 좋을 만한 다른 장소로는 선사시대 유인원 루시의 유해를 소장하고 있으며 고생물학적 발견에 대한 개요를 제공하는 국립박물관, 훌륭한 예술품과 악기를 소장하고 있는 아디스아바바대학교AAU의 하일레 셀라시에 궁전에 위치한 에티오피아학 연구소Institute of Ethiopian Studies, AAU의 과학관에 있는 자연사 박물관Museum of Natural History, 메스켈 광장 남쪽의 오래된 집에 자리 잡고 있는 아디스아바바 박물관Addis Ababa Museum 등이 있다.

인기 있는 관광지인 청나일 폭포

　　도시 외곽으로 나가면 다양한 명승지가 있다. 반나절만 투
자하면 돌아볼 수 있는 아디스아바바 북쪽 엔토토산에는 역
사적인 교회 두 곳이 있다. 그중 하나는 메넬리크와 하일레 셀
라시에 양쪽 모두에게 소중한 엔토토 마리암 교회로 이곳에
서는 도시를 가로지르는 남쪽과 북쪽으로 푸른 나일강 상류
를 향해 평야를 내려다보는 전망을 즐길 수 있다. 중국이 건설
한 아디스아바바 남쪽의 고속도로를 달리면 화구호^{火口湖}, 식당,

과일 주스 가게가 즐비한 비쇼프투^{Debre Zeit}에 도달할 수 있다. 아디스아바바의 교통체증에서 벗어나 기분전환이 필요하다면 방문해볼 만하다.

아디스아바바에서 남쪽으로 약 200킬로미터 떨어진 랑가노 호수는 에티오피아에서 해변 휴양지와 가장 가까우며 호텔, 숙소, 야영장이 잘 갖춰져 있다. 물은 약간 알칼리성이고 갈색이지만 수영하기에 안전하다.

아디스아바바 외곽에서 추천할 만한 장소로는 주크왈라산^{Zukwala} 정상의 화구호를 둘러싸고 있는 메나가샤수바숲^{Menagasha Suba forest}(아디스아바바 서쪽에 위치하고 4륜구동 차량이 필요함)이나 완치 화구호^{Wonchi}(암보 근처)가 있다.

역사에 관심이 많은 사람이라면 아디스아바바에서 부타지라 방향으로 2시간 떨어진 아다디 마리암^{Adadi Mariam}에 있으며 바위를 깎은 교회 중 가장 남쪽에 있는 교회를 추천한다. 테클 하이마노트 성인과 관련 있으며 청나일강 유역의 협곡 옆에 자리 잡고 있는 데브라 리바노스 수도원^{Debra Libanos Monastery}은 바흐다르 방향으로 북쪽으로 2시간 거리에 있다.

다른 주요 도시에도 역사적, 종교적 관심을 가진 이들이 아디스아바바에서 벗어나 주말을 보내기에 적합한 장소가 몇 군데 있다. 대부분의 도시에는 박물관이 들어서 있다. 예를 들어 메켈레 박물관은 요하네스 4세 황제의 궁전에 자리 잡고 있다. 옛 술탄국의 중심지인 지마의 박물관은 술탄의 역사를 주로 다루고 있으며 새로 복원된 술탄 아바 지파르의 도시 가장자리에 있는 궁전은 일반인에게 공개되어 있다. 하라르 박물관은 아다리 문화의 민족지학적 자료에 초점을 맞추고 있다. 프랑스 시인 랭보의 집으로 추정되는 집은 마을을 둘러싼 오래된 성벽과 함께 보존되어 있다. 랄리벨라와 곤다르의 바위를 깎은 교회와 성은 전 세계적으로 유명하다. 악숨은 수백 년 된 석비와 언약궤 원본의 보고로 유명하다.

최근 관광객 숙박시설은 호화로운 곳과 단순한 곳 양쪽 모두 크게 성장하고 있다. 몇몇 화려한 장소에서는 혁신적인 방법으로 전통적인 디자인을 도입한 오두막이 생겨났다. 예르게 알렘Yirge Alem의 커피밭 사이에 있는 아레가시 오두막Aregash Lodge, 리프트밸리의 서쪽 절벽에 있는 메넬리크 2세의 옛 궁전에 자리 잡은 앙코베르 궁전 오두막Ankober Palace Lodge, 티그레이의 바위로 깎은 교회 근처에 위치한 게랄타 오두막Gheralta Lodge 등이 그 예이다. 호화로운 숙소인 하레나 숲 위에 있는 베일 마운틴 롯지Bale Mountain Lodge와 시미엔 산맥의 북쪽 절벽에 있는 리말리모

롯지Limalimo Lodge는 숙소 그 자체를 즐기기 위해 방문해도 좋은 곳이다.

구걸

에티오피아에는 자선을 베푸는 문화가 깊이 뿌리내려 있다. 부유한 에티오피아인들은 교회와 이슬람 사원밖에서 병약한 사람을 본다면 반드시 원조의 손길을 내밀 것이다. 그런 까닭에 잔돈을 챙기는 에티오피아인들을 볼 수 있을 것이다.

외국인의 경우는 조금 다르다. 자애로운 외국인에게 빈곤한 이들이 도움을 지나치게 요청할 수도 있고 빈곤하지 않으면서도 외국인의 자비심을 이용하는 이들도 있기 때문이다. 이런 사실을 잘 알고 있는 가이드는 대개 구걸하는 사람들이 있더라도 반응을 보이지 않도록 충고할 것이다. 이런 상황에는 계획한 대로 행동하는 편이 현명하다.

현지 어린이가 외국인을 대하는 태도는 그 지역의 역사와 외국인을 접해본 경험에 따라 달라진다. 수줍어하는 아이들도 있지만 사탕이나 캐러멜을 달라고 사정하기도 하며 돈을 요구

• 봉사료 •

외국인은 에티오피아의 어떤 장소를 가든 언제나 다양한 이유로 팁을 내야 한다는 부담을 느끼게 될 것이다. 그러므로 팁을 기대하는 상대방에게 휘둘리지 않으려면 주의와 분별력이 필요하다.

식당과 카페에서 팁을 내는 것은 자연스럽다. 고급 레스토랑에서만 서비스 요금을 부과하므로 고객들은 팁으로 음식값에 약 5퍼센트를 추가한 금액을 더 내면 된다. 공유 택시나 미니버스 운전사에게는 절대 팁을 주지 않지만 택시를 온종일 이용한다면 팁을 지불하는 게 좋다.

사소한 일에 쓸 수 있도록 잔돈을 지참하면 여러모로 편하다. 만약 길가에 차를 세우고 근처에 있던 어린 소년에게 차를 지켜봐달라고 부탁했다면 주머니에 있던 잔돈으로 대가를 지불해야 한다. 얼마를 줘야 할지 의문이 드는 상황도 있을 수 있다. 경험이 쌓이면 어느 정도의 금액이 적당한지 알 수 있게 될 것이고 상황마다 결정권을 누가 가졌는지에 따라서 팁으로 내는 금액은 달라질 수 있다.

관광지는 각각 지불 방법, 보안, 가이드에 관한 규정이 다르므로 해당 내용을 숙지하고 가이드에게 팁을 줄 때도 일반적인 규정을 따르는 편이 안전하다. 관행을 따르지 않으면 관련된 이들 사이에 부패를 조장하거나 불공정한 인플레이션을 초래하게 될 수 있다.

하는 아이도 있다. 이런 상황에서는 대체로 공손함이나 웃음으로 모면하면 된다. 때에 따라 과일이나 빵을 선물로 줄 수도 있다. 나이 든 에티오피아인을 대할 때는 '하나님의 축복이 있기를'이라는 표현으로 동정심을 표현하는 방법도 있다.

외국인 중에는 평소 자주 보고 잘 아는 사람에게만 자비를 베푸는 이들이 많다.

다양한 에티오피아 국내 자선단체와 외국 단체에서 거리의 가난한 사람들에게 서비스를 제공하고 있으므로 이러한 단체들에 기부하는 방법도 좋은 대안이 될 수 있다. 길에서 차를 지켜봐 준 고마운 에티오피아인에게 사례를 지급하는 방법으로도 자선을 베풀 수 있다는 사실을 기억해두면 좋을 것이다.

07

여행 이모저모

에티오피아의 교통 체계와 의료 시설은 빠르게 발전하고 있지만 완전히 자리 잡는 데까지는 앞으로도 오랜 시간이 걸릴 것이다. 그러나 이제는 아스팔트 도로를 타고 아디스아바바에서 곤다르까지 달릴 수 있고 혹시 아프거나 응급상황이 생기면 국제 표준을 따르는 아디스아바바에 있는 병원에 갈 수 있으며 5성급 호텔에 묵는 일까지 가능하다.

에티오피아의 교통 체계와 의료 시설은 빠르게 발전하고 있지만 완전히 자리 잡는 데까지는 앞으로도 오랜 시간이 걸릴 것이다. 그러나 이제는 아스팔트 도로를 타고 아디스아바바에서 곤다르까지 달릴 수 있고 혹시 아프거나 응급상황이 생기면 국제 표준을 따르는 아디스아바바에 있는 병원에 갈 수 있으며 5성급 호텔에 묵는 일까지 가능하다. 에티오피아의 일반적인 관광 인프라는 동아프리카만큼 좋지는 않지만 그만큼 외국인들은 에티오피아 사람들이 어떻게 사는지 더 제대로 경험할 수 있다는 뜻이기도 하다.

에티오피아인의 여행

에티오피아인은 가능하다면 언제든 자국을 탐방하고 다른 나라를 탐험하고 싶어 한다. 스스로 길을 찾는 과정에서 자신감을 느끼고 독립적인 마음을 기를 수 있기 때문이다. 에티오피아에는 수 세기 동안 사용되어 온 무역로가 탄탄히 자리 잡고 있고 에티오피아의 기독교도들은 예루살렘 순례를 위해 오랜 기간에 걸쳐 홍해를 오가고 육지를 여행했다. 시바의 여왕은 이스라엘 솔로몬 왕의 재산을 가늠하기 위해 그를 방문하면서 유명한 선례를 남겼다. 우리가 3장에서 보았듯이 에티오피아의 기독교인과 이슬람교도들은 다양한 에티오피아 내 성지를 순례해왔다. 이들의 여정은 며칠간 계속되었고 엄청난 거리를 도보로 걸어야 했다. 그뿐만 아니라 국외로 떠났던 에티오피아인들이 고국을 오가면서 공항 출국장에서는 심심찮게 캐나다나 미국인의 억양뿐만 아니라 독일어나 스웨덴어를 들을 수 있다.

도착

아디스아바바의 볼레 공항은 에티오피아 전역의 수십 개 도시뿐만 아니라 전 세계와 아프리카를 연결하는 여행의 중심지이다. 볼레 공항은 또한 에티오피아의 국적 항공사인 에티오피아항공의 허브 공항이기도 하다. 에티오피아에 체류하려면 비자가 필요하고 온라인으로 쉽게 취득할 수 있다. 대부분의 서구 국가의 시민은 에티오피아에 도착하자마자 비자를 발급받을 수 있다. 비자 갱신 또는 연장은 아디스아바바 중심부에 있는 출입국 관리 사무소에서 할 수 있다.

외국인은 대부분 볼레 공항으로 입국하지만 케냐의 모얄레나 수단의 메테마를 통해 육로로 도착할 수도 있다. 하지만 이 국경지대에서는 도착하자마자 비자를 발급받을 수 없다.

볼레 공항의 터미널은 2019년에 확장되어 국제공항에서 기대할 만한 현대적인 시설을 갖추고 있다. 다만 대부분의 입국 및 출국 항공편이 저녁의 같은 시간대에 배치되어 있어 혼잡할 가능성이 크므로 올바른 노선에 탑승하도록 주의를 기울여야 한다. 근무자들은 대부분 영어를 잘하므로 도움을 얻을 수 있을 것이다.

외국인이 첫 번째로 느끼게 될 에티오피아의 중요한 모습은 관료주의일 것이다. 에티오피아의 관료주의는 대체로 효율적이긴 하지만 과도하게 철저하다. 먼저 외국인은 (온라인이나 에티오피아 대사관에서 사전에 비자를 취득하지 않은 경우) 달러나 유로로 수수료를 지불하고 비자를 발급받아야 한다. 일부 정해진 국가의 시민들만 도착하자마자 비자를 얻을 수 있다. 그런 다음 여권에 도장을 찍는 입국 관리국을 통과해야 한다. 실수로 계획했던 날짜를 초과해서 체류하면 항상 문제가 발생하므로 비자 체류 기간을 꼭 확인해야 한다. 마지막으로 세관을 통과해야 하는데 세관 통과는 비교적 간단하다.

이때 터미널 안에서 기다리는 사람이 없다면 공항을 빠져나간다. 건물 안쪽에서 서성이고 있을 짐꾼을 고용해도 좋고 과감하게 카트를 밀고 도로를 건너 반대편 주차장으로 가도 좋다. 현지 가이드를 고용했다면 혼잡한 인파 속에서 기다리고 있을 가이드를 이곳에서 만나면 된다. 주차장에서 택시를 탈 수도 있다.

제1터미널은 국내선과 지역선 전용의 구공항 건물로 신공항과 인접하고 국제선 터미널보다 규모가 작다. 어떤 이유로든 비행기가 연착되더라도 터미널에는 다양한 식당과 커피 바가 있다. 포터 서비스를 이용하거나 공항 주차비를 지불할 수 있도록 미리 비르로 잔돈을 준비해두면 매우 유용하게 쓰일 것이다.

최고급의 노란색 공항 택시를 타면 어디든 갈 수 있다. 운전자가 갖가지 핑계를 대더라도 미리 정한 택시비에서 추가로 요금을 지불하지 않도록 조심하자.

교통수단

에티오피아는 모든 형태의 교통수단을 보유하고 있으며 대부분 새로 도입되었다. 중국이 새로 건설한 국경 횡단 철도는 아디스아바바의 남서쪽에 있는 르부터미널^{Lebu terminal}과 이웃 국가인 지부티를 오간다. 이 철도는 이틀에 한 번 운행하며 아다마^{Adama}와 디레다와에 정차한다. 아디스아바바를 동서를 가로지르는 경전철 시스템 역시 중국인이 구축한 것으로 북쪽으로는 메르카토^{Mercato}, 남쪽으로는 칼리티^{Kaliti}까지 이어진다. 이 경전철은 저렴하지만 출퇴근 시간에는 붐빌 수 있다.

국영 항공사인 에티오피아 항공은 오랜 역사와 뛰어난 명성을 자부하고 있으며 국내 항공 여행을 독점하고 있다. 에티오피아 항공은 소형 상업 항공기와 헬리콥터 사업에도 일부 참여하고 있으며 사설 에어 앰뷸런스 서비스도 보유하고 있다.

항공 교통은 에티오피아의 풍경을 감상하기에 좋은 수단으로 대부분의 주요 관광지를 비롯한 다양한 장소에 갈 수 있고 새벽에 출발하는 노선도 있다. 에티오피아 항공 국내선은 2단계 요금제를 적용해 비거주자의 경우 요금이 더 비싸다. 에티오피아인과 함께 국제선을 타면 할인을 적용받을 수 있다. 헬리콥터는 요금이 매우 비싸고 지역 주민을 고려하지 않은 비행으로 원성을 사기도 했다. 헬리콥터의 착륙 장소를 규제한다면 이러한 불만이 해결될 수 있을 것으로 보인다.

고급 장거리 버스는 항공 여행보다 저렴하고 모든 주요 도시에 서비스를 제공하지만 사전에 예약해야 한다. 이 버스보다 훨씬 더 저렴하면서도 신뢰도가 좀 더 낮은 공공 버스도 있다. 공공 미니버스는 마을과 도시 사이를 직행으로 운행하기도 하고 주요 도시에서 서기도 한다. 저렴한 버스와 미니버스는 보통 지정된 역에서 출발한다. 미니버스는 손님이 꽉 찼을 때만

출발한다.

아디스아바바에는 정해진 경로를 따라 운행하는 파란색의 미니버스가 있다. 요금 징수원은 창밖으로 몸을 내밀어 목적지를 외치고 요금을 받는다. 미니버스는 아디스아바바 시내를 돌아다닐 때 이용할 만한 가장 좋은 교통수단이며 외국인이라고 해서 정상 요금보다 더 많은 금액을 내라고 요구하지 않는다. 다양한 지역 버스들은 매우 저렴하지만 붐비는 편이며 지역 주민이라면 방문객들에게 소매치기를 조심하라고 경고할 것이다.

택시 이용하기

택시는 몇 가지 등급이 있다. 가장 비싼 것은 아디스아바바 공항에서 유일하게 승객을 태울 수 있는 노란색 개인택시이다. 이들은 승객이 원하는 장소라면 어디든 데려다줄 것이고 거의 모든 호텔에서 호출할 수 있다. 요금은 미리 설정하거나 미터기를 사용한다.

일부 운전자는 사정을 잘 모르는 순진한 승객에게 더 많은 요금을 부과하기 위해 미터기가 작동하지 않는다고 주장할 수도 있다. 이런 일이 생긴다면 의심하지 말고 다른 택시를 찾아보도록 하자. 요금은 보통 밤에 더 비싸다.

택시와 비슷한 라다^{Lada}라는 이름의 파란색 세단형 자동차는 요금 협상이 이루어지고 나면 어디든 갈 수 있다. 장소에 따라 요금이 정해져 있지만 에티오피아 사정을 잘 모르는 외국인에게 더 높은 요금을 제시하는 운전자가 많다. 택시는 개인 소유의 택시와 법인 택시가 있으며 긴 시간 동안 이어진 명예로운 경력의 막바지에 접어든 베테랑 택시 기사는 놀라운 운전 솜씨를 보여주기도 한다. 짐을 많이 실어야 하는 손님을 만난다면 기사들은 택시 지붕 선반에 짐을 얹는 방법까지 동원해 모든 짐을 실어줄 것이다. 모든 택시 운전사가 영어를 잘하지는 않으므로 택시로 개인의 주소지에 가게 된다면 목적지의 주소를 메모해서 보여주거나 정보를 좀 얻어두는 편이 안전하다. 값싸고 효율적인 방법으로 시내 곳곳을 여행하길 원한다면 계약 방식으로 택시를 대여할 수 있다. 만약 택시 기사와 함께 한 여행 경험이 나쁘지 않았다면 기사의 명함을 받아 정기적으로 이용해도 좋다. 밤늦은 시간에는 기사가 책임감 있는 운전을 하기에 적합한 상태가 아닐 수도 있으므로 밤늦

아디스아바바의 라다 택시

게 택시를 타야 한다면 경계를 늦추지 않도록 하자.

최근에는 차량 호출 앱을 운영하는 미니 택시 회사들이 많이 생겨났는데 이 미니 택시들은 효율적이고 신뢰할 수 있으며 편안하다. 그중에서도 라이드^{RIDE}가 가장 널리 사용되며 차량을 호출하려면 애플리케이션을 깔거나 8294로 전화하면 된다. 그 외에도 픽픽^{PikPik}과 제이라이드^{ZayRide}가 있다. 이 앱들은 대부분 아이폰 운영 체제가 아닌 안드로이드에서 사용하도록 설계되어 있다. 에티오피아에는 아이폰 사용자가 많지 않기 때문이다. 공항에 갈 때는 모든 종류의 택시를 이용할 수 있다.

바자즈와 가리

아디스아바바 밖에서는 택시 잡기가 쉽지 않을 수도 있지만 투크투크tuk tuks나 바자즈bajaj는 흔하다. 인도 택시 제조사의 이름을 딴 3륜 미니 자동차인 투크투크나 바자즈는 의외의 장소나 매우 가파른 언덕에서도 잡을 수 있다. 투크투크와 바자즈

에는 승객 두 사람이 탈 수 있으며 좌석 뒤에 있는 공간에는 짐을 실을 수 있다. 다소 수척해 보이는 말이 끄는 가리스^{Garis}는 한때 매우 흔했다. 1936년에서 1941년까지 이탈리아가 점령했던 기간 도입된 가리스는 여전히 지방 도시에서 볼 수 있긴 하지만 바자즈로 대체되고 있는 곳이 늘고 있다.

렌터카와 항공기 예약

자율주행차는 여행사, 개인 또는 국제 렌터카 회사를 통해 대여할 수 있다. 자율주행차는 거의 항상 가이드의 역할을 하기도 하는 운전자와 함께 대여된다. 4WD 차량은 보통 운전자 없이는 이용할 수 없다. 싼값에 제공된 자동차와 운전자는 회사 차량이 아닌 개인 소유 차량일 가능성이 크지만 개인 소유 차량이 반드시 더 나쁘다고 할 수는 없다. 비용은 보통 에티오피아 비르, 미국 달러 또는 유로로 지불할 수 있다.

　에티오피아에서는 국제운전면허증 또는 다른 국가의 운전면허증이 인정되지 않는다. 타국에서 발행한 면허증은 에티오피아 국내 면허증으로 교환해야 하지만 단기 에티오피아 방문객이 반나절 동안 줄을 서서 발급받아야 할 만큼 에티오피아 면허증이 가치 있게 쓰이지는 않는다. 시간이 넉넉하거나 꼭 필요하다면 아디스아바바 도로교통공단 사무실로 가서 본국 운전면허증을 맡기면 에티오피아 면허를 발급받을 수 있다. 여권 사진이 필요하고 면허 비용을 지불해야 한다. 에티오피아를 떠날 때 본국 운전면허증을 되찾으면 된다. 그렇게 하지 않으면 여러분이 자국 면허를 갱신하기 전까지의 소급 비용을 지불해야 한다.

항공편

국제선과 국내선 항공편은 항공사 사무실 또는 온라인으로 구매할 수 있다. 에티오피아 항공은 예약하기에 편리한 앱이 있고 모든 주요 도시에 사무실을 두고 있다. 비행 24시간 전에 체크인과 좌석 예약이 가능하다. 아디스아바바의 항공사 사무실에서는 대기표를 발부하고 기다려야 하므로 지루할 수도 있지만 일단 차례가 오면 직원이 성실하게 응대할 것이다. 카드를 사용할 수 있다.

도로 여행

에티오피아의 도로 환경이 개선됨에 따라 차로 오른편으로 달리고 구급차를 위해 길을 비켜주거나 건널목에서 보행자를 우선시하는 것과 같은 서구의 운전 관습이 점점 더 자리를 잡아가고 있다. 중국이 건설한 아디스아바바와 아다마 사이를 달리는 유료 고속도로부터 농촌 지역의 새로운 비 아스팔트 도로, 기존 도로를 새로이 아스팔트 도로로 바꾼 곳에 이르기까지 다양한 면에서 도로 환경이 개선되고 있다. 어떤 도로는 일단 건설이 시작되더라도 완성되는 데까지 제법 시간이 걸리기도 하지만 그곳을 지나는 사람들은 목적지를 표시하는 표지판만 보고도 기대감이 커진다. 먼지구름과 갑작스러운 장벽이 눈에 띈다면 도로 공사가 진행 중이라는 표시이다.

개선작업으로 인해 도로가 움푹 파이고 교통이 느려지면 운전자들이 우측 주행 원칙을 지키지 않을 수도 있다. 야간 운전 중에 고장 난 차량이나 조명을 만나게 된다면 위험할 수 있다. 운전 중 휴대전화 사용은 불법이지만 이 규칙을 지키는 사람은 드물다.

아디스아바바의 미니버스 운전사들은 항상 서두르지만 혼

잡한 교차로와 정체를 지나갈 때는 남다른 인내심과 기술을 보여준다는 풍자적인 농담이 있다. 아디스아바바에 육교를 건설한 상하이 건설그룹은 '과학, 협력, 상황 대처 능력'이라는 슬로건을 내걸고 운영되고 있는데 이 세 가지 요소는 요즘 아디스아바바에서 운전하는 데 필요한 미덕이기도 하다. 그러므로 일부 외국인들이 아디스아바바를 돌아다니기 위해 현지 운전사를 고용하는 일은 전혀 놀랍지 않다. 이와 마찬가지 이유로 관광용 미니밴이나 4WD를 모는 장거리 운전자가 에티오피아에서 운전하려면 누구나 높은 수준의 체력이 필요할 것이다.

· 교통 법규 ·

- 우측통행
- 개방된 도로의 제한 속도는 시속 110킬로미터이며 시골에서는 시속 40킬로미터이다.
- 안전띠는 어느 곳에서든 의무사항이다.
- 운전 중에는 휴대전화를 사용해서는 안 된다.
- 교차로 차량이 우선권을 가진다.

안전띠는 모든 운전자에게 의무사항이며 앞 좌석에 안전띠가 있다면 앞 좌석 승객 역시 반드시 착용해야 한다. 제3자 보험은 필수 사항이다. 부정 주차와 같은 범죄를 저지르게 되면 경찰은 차 번호판을 제거할 수 있는데 범칙금을 물고 나면 돌려받을 수 있다. 도로마다 제한 속도가 다르며 이를 준수하지 않으면 다음 날 벌금을 지불해야 한다.

예전에는 아스팔트를 마음껏 걷고 동물을 몰고 다니던 보행자가 자연스럽게 가장 우선권을 가지고 있었다. 하지만 지금은 양방향으로 분할된 고속도로를 주행하는 차량이 우선권을 가지며 (다른 도로는 그렇지 않지만) 가축 소유자가 양방향 고속도로를 건너기 위해 동물을 데리고 안전 장벽을 넘는 행위는 불법이 되었다. 물론 과거의 관행은 계속되고 있으므로 사고를 피하기 위해서는 운전자가 경계를 늦추지 말아야 한다.

아디스아바바에는 운전자에게 도움이 될 도로 표지판이 설치되고 있다. 표지판은 도시의 다른 지역으로 가는 길을 알려주거나 중앙분리대가 있는 고속도로에서 혼란에 빠진 운전자가 올바른 나들목으로 진입할 수 있도록 돕는다. 이들 중 상당수 도로에는 출구와 진입점이 드물어서 교차로나 나들목에 진입하기 위해 목적지를 지나 먼 거리를 운전해 되돌아가야 할 수도 있다. 아디스아바바 중심가와 주요 도로에는 거리 표지판이 등장했고 이 명칭은 현재 지도에도 등장하지만 현지인에게는 익숙하지 않기 때문에 별로 유용하지 못하다. 현지인은 대부분 그 지역에서 모두가 알만한 교회, 대사관, 호텔과 같은 지역 참조 지점을 계속 이용하기 때문이다.

아디스아바바 밖에서는 차를 이용할 수 있는 사람들이 거의 없다. 도시 외곽에 사는 주민들은 대개 말이나 당나귀를 이용하거나 걸어 다닌다. 마을을 향해 같은 방향으로 걸어가는 사람들의 무리가 있다면 장날이라는 뜻이다. 그러나 지역 주민 중에서 기업가가 된 이들은 오래된 랜드로버 차량이나 트럭을 동원하여 외딴 지역사회를 연결하기도 했다. 또한 시골 도로 중에는 버스 노선이 놀랄 만큼 잘 발달되어 있는 곳도 있다.

가솔린과 디젤은 주로 수단에서 메테마와 곤다르를 통해 수입되지만 지부티에서 들여오기도 한다. 명백한 이유 없이 공급품이 고갈될 수 있으므로 여분의 연료와 물이 준비되지 않았다면 외딴곳으로 여행해서는 안 된다.

도시에서 걷기

걷기는 일반적으로 매우 안전한 이동 수단의 역할을 하지만 아디스아바바의 대기오염과 교통체증 때문에 걷다가 불쾌한 경험을 하게 될 수도 있다. 엔토토산이나 굴레레의 식물원을 산책하면 고도에 지칠 수 있지만 깨끗한 공기와 멋진 경치를 즐길 수 있다.

외국인이 대낮에 걸어 다니는 모습을 보고 호기심 많은 아이들이 몰려들 수도 있지만 이런 현상은 조금씩 나아지고 있다. 아이들에게 관심을 두지 않아도 괜찮고 그중 한 명에게 미리 요금을 정한 다음 가이드처럼 다른 사람의 접근을 막아달라고 요청한다면 상황을 유리하게 전환할 수도 있다. 그러나 여느 도시와 마찬가지로 아디스아바바에도 소매치기가 많이 다니는 지역, 외국인이 특별히 환영받지 못하는 지역, 방문을 피해야 할 시간대 등이 있다. 공항 근처에 있는 볼레의 부유한 지역이 그 예이다. 어떤 지역이 안전한지 확신이 없다면 지역 주민의 조언을 받는 편이 안전하다.

거리를 걷다 보면 영어를 연습하길 원하는 호기심 많은 에티오피아인의 관심을 끌게 될 수도 있다. 하지만 이들 중 순수한 이타주의자는 드물다. 특히 젊은이들은 미국 영주권에 대한 정보를 얻으려고 하거나 주소를 가르쳐달라고 하거나 가짜 할인을 제공하는 등의 방법으로 자신에게 유리한 방향으로 여러분을 이용하려고 할지도 모른다.

숙소

아디스아바바에는 다양한 호텔이 있다. 수영장이 있는 국제 표준 호텔에서부터 볼레 로드^{Bole Road}와 처칠 로드^{Churchill Road} 지역의 소박한 게스트하우스까지 종류가 다양하다. 부킹닷컴과 에어비앤비에서도 좋은 숙소를 찾을 수 있다. 큰 호텔은 외국인 거주자들이 서로 어울릴 수 있는 중심지 역할을 하며 내부에 여행사와 기념품 가게를 운영한다. 대형 호텔은 대개 대중교통으로 접근하기 좋다.

아디스아바바 외곽의 모든 주요 도시에는 괜찮은 호텔이 있지만 전기와 배관 시설은 부실할 수도 있다. 관광객 숙박시설은 선택의 폭이 다양해지고 훨씬 더 편안해졌으며 지역에 맞는 건축 양식으로 짓기 위해 특별한 노력이 더해진 호텔도 찾

타나호수 근처의 산장형 호텔

을 수 있다.

일정 기간 머물 계획이라면 중개인이나 추천을 받아 주택이나 아파트를 빌릴 수 있다. 중개인은 입소문으로 찾을 수도 있고 부유한 지역의 대형 호텔과 슈퍼마켓에는 에티오피아를 떠나는 외국인이 숙박시설, 자동차, 물품 판매를 광고할 수 있는 게시판이 있다. 집을 빌릴 때는 반드시 몇 달 동안의 임대료를 선불로 내야 한다.

보건

【 청결 유지 및 예방 조치 】

에티오피아 역시 다른 곳과 마찬가지로 어디에나 세균이 있을 수 있다. 현지인들 역시 이를 잘 알고 있어서 항상 여러분에게 물, 비누, 수건을 가져다주거나 먹기 전에 손을 씻을 수도꼭지를 안내할 것이다. 수돗물은 대부분의 아프리카 국가들보다 깨끗하지만 모든 채소와 과일은 살균제로 씻고 식수를 여과하는 편이 안전하다. 지역에서 생산한 병에 든 생수는 어디에서나 살 수 있고 어느 카페에서나 구할 수 있지만 플라스틱 사용량 증가라는 부가적인 문제를 일으키고 있다. 저수량이 적은 건조한 달에는 수돗물을 사용하지 못하게 될 수도 있는데 그런 일이 발생할 때는 미리 공지하는 경우가 대부분이다. 건조한 달에는 비상시에 이용할 수 있도록 양동이에 물을 가득 채워서 보관하면 편리하다.

【 진료소와 병원 】

아디스아바바와 다른 주요 도시에는 공공 및 개인 진료소가 많이 있다. 의사들은 생계를 유지하기 위해 개인 진료에 의존

한다. 외국인은 대사관에서 자국민을 전담하는 병원을 두고 있지 않다면 보통 개인 병원에 다닌다. 에티오피아 의사들은 자신의 전문 분야로 개인 진료소를 열며 환자는 어느 정도 스스로 진단한 다음 적절한 병원을 찾는다. 에티오피아 의사들은 매우 유능하고 교육을 많이 받은 엘리트 집단에 속하지만 의사의 수는 부족한 편이다. 아디스아바바에는 랜드마크 병원, 한국 기독교 병원, 성 가브리엘 병원, 브라스 산부인과 병원과 같은 매우 좋은 개인 병원들이 많다. 예를 들어 팔이 부러졌다면 각각의 진단과 치료에 대해 별도로 비용을 지불해야 한다. 그러나 에티오피아인은 증상이 심각하지 않다면 진료소나 병원에 가지 않으며 병원에서 대기하는 환자 중에는 여러분보다 훨씬 상태가 심각한 사람들이 포함되어 있을 수도 있다.

에티오피아인은 대부분 전통적인 치료제나 약을 사용하는 편이다. 촌충은 에티오피아에서 매우 흔한 병으로 주로 코소[kosso] 나무의 독성 꽃인 하게니아 아비시니카[Hagenia abyssinica]를 섞은 혼합물로 치료한다.

에이즈

에티오피아의 에이즈를 상대로 한 전쟁에는 상당한 진전이 이루어졌지만 에이즈는 여전히 에티오피아의 많은 지역에서 문제가 되고 있다. 그중에서도 특히 트럭 운전사들이 모이는 장소, 윤락업소, 수비대가 주둔하는 마을의 에이즈 문제가 심각하다. 2018년 성인의 전반적인 에이즈 발병률은 1퍼센트로 감소했는데 이는 불과 10년 전의 5퍼센트와 비교하면 괄목할 만한 성과이다. 에이즈 관련 사망자도 그사이 절반으로 줄었다. 에이즈에 대한 에티오피아의 공개적인 캠페인은 비교적 개방적이지만 에이즈로 목숨을 잃은 환자의 사망 원인은 대개 공개적으로 언급되지 않는 편이다. 원인을 언급한다면 대부분은 매우 무관심한 태도를 보일 것이다. 에이즈 검사는 대부분의 병원에서 받을 수 있다.

화장실

화장실은 에티오피아에서 자랑할 만한 부분은 아니다. 일반적으로 남자들은 화장실에 가야 할 때 도랑과 울타리를 서슴지 않고 사용하며 아디스아바바에는 길바닥을 세심히 살피면서 걸어야 하는 지역이 있다. 주변국 시민들도 이 같은 에티오피아의 화장실 문제에 주목할 정도로 시급히 해결해야 할 안건이다.

배관이 고장 나거나 물이 간헐적으로 공급될 수 있는 시골 지역 호텔의 화장실은 실내에 있더라도 실외 화장실보다 나은 점을 발견하기 어려울 수도 있다. 서양식 변기가 갖춰진 곳도 있지만 무릎이 안 좋은 사람에게는 힘들 수 있는 재래식 변기가 더 많다. 변기는 배관 구멍이 작은 이탈리아식 시스템을 따르고 있어서 종이와 잡동사니를 버리면 쉽게 막힐 수 있다. 아디스아바바 밖의 공공장소에서는 화장지를 찾기 힘들므로 항상 휴지를 가져가야 한다. 그러나 큰 도시의 평판이 좋은 식당이나 호텔 화장실 시설은 안심하고 이용할 수 있다.

안전

아프리카 도시의 사람들은 지나가는 사람을 쳐다보는 경향이 있고 여러분이 거의 눈치채지 못했을 때도 그들은 여러분을 기억하리라는 사실을 염두에 두는 것이 좋다. 대부분 친절하고 상냥하겠지만 그중 한두 명은 여러분이 현금인출기에서 돈을 찾아서 나올 때 뒤를 따를 기회를 노리고 있을지도 모른다.

강도와 절도는 흔하지 않지만 실제로 발생하고 있으므로 방문객들은 현명하게 예방 조치를 취해야 한다. 휴대하는 귀중품(비싼 보석과 시계 등)의 수를 최소한으로 유지하고 공공장소에서 지폐를 세지 말고 가방에 손을 꼭 얹고 다니고 가능하면 동행인과 함께 걷는다.

아디스아바바의 메르카토, 볼레, 피아자 지역에는 소매치기가 많다. 모든 집과 공공건물에는 무장한 경비원zebagnia이 있다. 중앙은행, 대형 호텔, 박물관 등 주요 공공건물에 들어가려면 엑스레이나 몸수색을 거쳐야 한다. 아디스아바바는 다양한 사람들로 가득 차 있는데 그들 중 일부는 에티오피아의 이익과 상충하는 국가에서 왔을지도 모른다. 과거 공공장소와 택시에 생명을 위협하는 폭탄이 설치된 적이 있어서 에티오피아인들은 이 같은 위험을 잘 알고 있다. 외국인이 늦은 시간에 귀가해야 한다면 반드시 믿을 수 있는 택시를 타고 돌아가는 편이 안전하다.

일부 시골 지역의 어린 소년들은 외국인에게 돌을 던지는 행동이 재미있다고 생각한다. 아이들이 돌보고 있는 동물이 있는 방향으로 돌을 던지게 되면 아이들의 주의를 끌 수도 있고 분산시킬 수도 있지만 사실 돌에 맞는 일은 매우 불쾌한 경험이 될 것이다. 소년들이 무례한 태도를 보인다면 말로 강력하게 대응하거나 신속하게 그 자리를 피하는 편이 안전하다.

또한 단순히 즐거움을 추구하기 위해 가기에는 현명하지 못한 지역도 있다. 외국인이 오가덴의 지지가 남쪽에 가기로 마음먹었다면 납치나 매복의 위험을 각오해야 한다. 또한 에티오피아와 에리트레아의 상황이 적대적인 상태가 계속된다면 에리트레아와의 국경 근처 어느 곳도 안전하지 못하다.

다나킬 지역을 포함해서 다른 곳은 일반적으로 안전하지만 자가용으로 개인 투어를 할 경우 지역적 긴장 상태나 외국인이 환영받지 못하는 특정 장소에 대비해 현지 조언을 구하는 것이 필수적이다. 다나킬의 사막 지역은 충분한 물과 현지 가이드가 없는 한 절대로 가서는 안 된다. 달롤^{Dallol} 화산의 연평균 기온은 34도로 지구상에서 가장 더운 곳으로 기록되었다.

일반적으로 자가용으로 여행하는 경우 연료를 구할 수 있는 위치를 확인하고(경고 없이 연료가 고갈되기도 하므로) 여분의 연료를 가져가야 한다. 주요 도로에는 정비소^{gomista}가 즐비하지만 예비 타이어 두 개와 수리 장비를 챙겨야 한다. 놀라운 실력을 갖춘 정비사나 지나가는 트럭 운전사가 고장을 해결해 줄 수도 있지만 그런 일은 대개 주요 도로에서만 가능하다.

【귀중품】

에티오피아에서는 전자기기가 아니라면 귀중품을 가지고 여행하는 행동은 정말 불필요한 일이다. 에티오피아인은 과시를 싫어하며 대부분의 사람들이 귀중품을 얻기 힘든 곳에서 부유함을 과시하려는 행동은 옳지 않다. 하지만 아디스아바바의 중산층 대부분과 부유한 집안은 서구의 가정과 비슷한 수준 혹은 그보다 나은 생활을 누리고 있다. 귀중품은 사용하지 않을 때 조심스럽게 다루고 보관해야 한다. 왜냐하면 필요하지 않더라도 귀중품이 아무렇게나 놓여 있다면 가져가려는 사람이 생길 수 있기 때문이다. 에티오피아인 대부분은 외국인 친구가 귀중품을 잃어버린다면 매우 당황할 것이다.

【사기】

에티오피아인은 이용하지 않은 서비스나 구매할 의사가 없는 물건에 대해 엄청난 금액을 지불해야 한다는 도덕적 의무를 느끼게 해 방문객을 혼란스럽게 하기도 한다. 예를 들어 커피 행사에 초대받거나 전통춤을 보고 나서 다 같이 좋은 친구가 되었다는 핑계로 낯선 장소로 긴 여행을 떠나야 할 수도 있다. 그런 상황에서 커피 한 잔을 마신 후에 터무니없는 요금을 내라는 요구를 받게 될지도 모른다. 혹은 차를 빌리면서 고급 상품을 할인해준다고 설득하겠지만 결국 공공 택시였다는 사실을 알게 될 수도 있다.

낯선 사람들과 함께 도시의 알려지지 않은 지역으로 긴 여행을 가지 않도록 하자. 주요 관광호텔 주변에서 비공식 가이드와 접촉하는 일은 피하자. 비공식적인 방법으로 환전하려다 곤경에 빠질 수 있고 돈을 몰수당하게 될 수도 있다는 사실 또한 기억하자. 에티오피아인이라면 감옥에 갇힐 수도 있는 범죄 행위이기 때문이다.

08

비즈니스 현황

에티오피아 기업들은 다양한 문화권에서 운영된다. 한쪽은 에티오피아와 홍해 전역에서 오래된
상품과 서비스의 거래를 기반으로 한 전통적인 기업들이다. 다른 쪽은 예멘인, 그리스인, 아르메니
아인, 이탈리아인 등이 20세기 설립한 기업을 기반으로 한 기업들이다.

비즈니스 환경

에티오피아 기업들은 다양한 문화권에서 운영된다. 한쪽은 에티오피아와 홍해 전역에서 오래된 상품과 서비스의 거래를 기반으로 한 전통적인 기업들이다. 다른 쪽은 예멘인, 그리스인, 아르메니아인, 이탈리아인 등이 20세기 설립한 가업을 기반으로 한 기업들이다. 오늘날의 현대 기업은 다국적 기업의 지사인 경우도 있고 해외로 떠났던 에티오피아인 중에는 중국인이나 유럽인과 같은 투자자가 된 이들도 있다. 사업의 성격도 광고, 컨설팅 등 서비스 산업으로 확대되었다.

기업 성장은 국가 주도 자본주의의 한 형태인 '개발국가' 정책의 틀 안에서 육성되었다. 국가가 국영 항공사, 전기 및 통신 유틸리티에 대한 통제를 유지하는 방식이다. 그러나 경제의 다양한 측면에 대한 국가 통제의 원칙은 외환 부족으로 인해 무너지고 있다.

전통적인 무역은 지역 내 다른 이슬람 국가들과 연관이 있는 이슬람교도들이 장악하고 있으며 서양인 대부분이 잘 알지 못하는 상품들이 여기에 포함된다. 그중에서 차트는 소말리아로, 렌틸콩은 수단으로, 소는 사우디아라비아로 수출된다. 또한 디레다와나 지지가와 같은 허브 도시를 통해서는 흰색 제품과 의류가 수입된다. 능숙한 사업가라는 명성을 얻고 있는 구라게인들은 거리의 키오스크에서부터 슈퍼마켓 가맹점에 이르기까지 다양한 사업체를 운영하고 있다. 큰 도시에는 대부분 시장이 있고 더 작은 도시에서는 주 1회 또는 2회 시장이 열리며 그들 중 상당수는 수백 년의 역사를 자랑한다.

데르그 정권에 의해 국유화되었던 부문을 민영화하려는 노력은 에티오피아 정부에서 외국인 투자를 유치하고 사업을 확장하기 위해 지속적으로 추진하고 있는 정책의 일부이다. 이전에 국영 체인이었던 많은 호텔이 현재 개인 소유로 바뀌었으며 세계적 호텔 체인뿐만 아니라 새로운 부티크 호텔도 들어섰다. 화훼, 건설, 직물, 관광업은 해외에 거주하고 있는 에티오피아인과 외국인의 투자를 유치한 첫 번째 분야였다. '개발국가' 정책의 성공은 2000년 이후 연간 두 자릿수의 경제 성장률에서 확인할 수 있다.

여성 기업가들은 한때 남성이 장악하고 있던 가죽이나 섬유와 같은 패션 관련 사업 분야에 적극적으로 진출하고 있다.

에티오피아의 주요 수출품은 커피, 가죽, 참깨, 기타 곡물과 콩이며 최근에는 자른 꽃의 수출량도 크게 늘었다. 차트 역시 주요 비공식 수출 상품이다. 에티오피아는 또한 유엔 아프리카 경제 위원회와 아프리카 연합 본부를 기반으로 하는 아디스아바바의 방대한 외교 공동체에 서비스를 제공함으로써 외환을 벌어들이고 있다. 에티오피아 항공은 빠르게 성장하고 있으며 수익성이 높은 국영기업으로 타 항공사에 교육 서비스를 제공하고 있다. 또한 볼레 공항은 아프리카의 허브 공항이다. 에티오피아의 관광업은 성장하고 있고 수력발전의 수출이 곧 이루어질 것이다. 그렇지만 수입의 가치는 수출의 가치를 크게 웃돈다.

제국주의 시대와 마르크스주의 시대를 거쳐 지금은 국유기업으로 불리는 준국가기관의 독점은 기대를 훨씬 뛰어넘는 효율적인 결과를 낳고 있다. 그중 선두주자는 에티오피아 항공과 전기 회사이다. 반면 에티오텔레콤Ethio Telecom, 에티오피아 해운 라인Ethiopian Shipping Lines, 다양한 국영 은행, 아디스아바바 수자원 공사Addis Ababa Water Authority는 비판을 받고 있지만 뛰어나지는 않더라도 적절한 서비스를 제공하고 있다. 매우 부실한데도 비싼 에티오텔레콤의 인터넷 서비스에 대해서는 많은 이들이 큰 불만을 품고 있다.

정당과 연계된 기부금으로 운영되는 기업도 적지 않다. 이

회사들은 직물, 엔지니어링, 커피와 곡물의 수출입, 관계 농업, 제약 및 기타 많은 분야에 투자하고 있다. 이들 기업이 은행 대출이나 정부 계약 등에서 유리한 지위를 누리고 있다는 불만이 제기되기도 하지만 법을 어겼을 때 기소 대상에서 제외될 만큼 특혜를 누리지는 않는다.

최근 몇 년 동안 중국의 투자가 큰 비중을 차지해왔으며 주로 건설 자재, 의약품 및 기타 제조업을 중심으로 투자가 이루어지고 있다.

현재 아디스아바바 중심부의 국립극장 부근에 본사를 짓고 있는 은행들은 지역구나 에티오피아 국적을 가진 이들과 느슨하면서도 승인되지 않은 관계를 맺고 있는 경우가 많다. 니브 인터내셔널 은행은 구라게, 와가겐 은행은 티그레이에 집중하고 있다. 오로미아 개발과 관계있는 은행은 세 곳이다.

기업체와 관공서는 월요일부터 금요일까지 오전 8시 30분부터 오후 5시 30분까지 문을 열고 점심시간은 최대 1시간이다. 금요일 점심시간은 이슬람교도인 직원들이 이슬람 사원의 정오 기도에 참석할 수 있도록 오전 11시 30분에 시작된다. 소매업과 대부분의 은행은 토요일 오전에 문을 연다.

에티오피아에 투자하기

에티오피아 투자 위원회는 에티오피아 경제에 대한 외국인 투자를 장려하고 있다.

100퍼센트 외국인 소유의 회사나 합작 회사로 기업을 설립하는 일은 비교적 쉽다. 초기 투자금은 외환으로 이루어지고 은행에 예치되어야 한다. 그러고 나면 사무실을 열고 외국인

아디스아바바의 볼레 지역

• 투자에 관한 가이드 •

규정이 수시로 바뀌기는 하지만 몇 가지 광범위한 원칙은 다음과 같다.

- 무기 제조, 국제 항공 운송, 발전, (택배가 아닌) 우편 서비스 등 특정 분야에 대한 투자는 정부와 공동으로만 가능하다.
- 은행, 보험, 커피 수출 등은 국내 투자자에게만 열려 있다.
- 국내 항공운송, 홍보, 영화, 회계 등의 분야에 대한 국내외 투자자 간의 공동 투자는 허용된다.
- 외국인-국내 공동 투자의 외국인 지분은 경우에 따라 75% 이하로 제한되거나 49퍼센트를 넘겨서는 안 된다.
- 투자자들은 에티오피아 투자 위원회에 서류를 제출해야 한다. 대표 사무소 설치에 관한 행정 업무는 통상부를 통해 이루어진다.
- 100퍼센트 외국인 소유 투자의 경우 최소 20만 달러(일부 컨설팅 서비스의 경우 더 적음), 에티오피아인과의 합작 투자의 경우 최소 15만 달러가 필요하다.

직원에 대한 근무 허가 신청이 가능해진다. 외국 기업의 대표 사무소는 상당한 외환 보증금을 지불하면 설치할 수 있지만 무역을 할 수 있는 자격은 주어지지 않는다.

외국 기업 대표들은 아디스아바바에 있는 여러 효율적인 '비즈니스 인큐베이터'나 에티오피아의 유럽 비즈니스 포럼 또는 에티오피아의 미국 상공회의소에 연락하면 큰 도움을 얻을 수 있을 것이다. 아디스아바바의 볼레 로드에 있는 에티오피아 투자 위원회는 투자자를 위해 노동 허가, 거주 허가, 무역 허가 및 회사 등록에 대한 원스톱 서비스를 제공한다.

만약 여러분이 에티오피아에서 사업을 계획 중이고 문화적 제약을 받아들일 자세가 되어 있다면 큰 이익을 얻을 수 있을 것이다. 에티오피아인들은 에티오피아에서 사업을 하는 외국인이 적어도 부분적으로는 지속적인 이익을 얻을 수 있기를 바랄 것이다. 에티오피아 경제계의 일원이 될 준비가 되어 있는 사람이라면 누구나 환영받을 수 있다.

비즈니스 문화

에티오피아 사업가들은 위험에 대한 혐오감을 가지고 있다고 하지만 이는 충분히 이해할 수 있는 부분이다. 많은 위험이 도

사리고 있기 때문이다. 지난 몇 년 동안 에티오피아의 저명한 기업가와 경영진 중 일부는 몇 달 혹은 심지어 몇 년을 감옥에서 보내야 했다. 이들은 부패 혐의로 기소되었지만 공식적으로 고소당한 적이 없거나 고소되었더라도 나중에 결국 무죄를 선고받은 부패 범죄로 억울한 감옥살이를 해야 했다. 상공회의소, 에티오피아 노동조합 연합[CELU] 등 조직 내 권위와 힘은 정치세력의 영향을 받는 경우가 많아서 외국인이 이해하지 못하는 문제가 많을 수 있다.

사람들의 동기를 불신하고 의문을 제기하는 경향은 대부분의 에티오피아 문화의 밑바탕에 깔려 있으며 비즈니스 문화에서도 이 경향이 두드러진다. 계약이 이행되지 않거나 약속을 지키지 않을 수도 있다는 두려움이 항상 존재하기 때문에 많은 계약은 현금으로 체결된다. 개인 수표나 회사 수표는 받아들여지지 않는 경우가 많고 사용하더라도 수령 후 1~2시간 이내에 현금화된다. 사람들은 오래전부터 알고 지내던 신뢰할 수 있는 동료와 비즈니스를 하는 방식을 선호하며 적어도 계약 협상의 단계까지 가기 전에 새로운 지인과 관계를 구축하는 데 시간을 보내려고 노력하는 편이다.

실제로 비즈니스 관계는 대부분 소개로 시작되며 중립적인 공간이라고 할 수 있는 커피숍에서 미팅을 한다. 미팅은 최대 1시간 정도 걸릴 수 있다. 그런 다음 서로에게 이익이 될 만한 방향으로 사업이 가능하다고 판단되면 사무실이나 생산 시설에 초대를 제안할 것이다. 지역 식당에서 점심은 먹는 동안 천천히 그리고 매우 정중하게 방문한 상대 사업가를 평가한다. 에티오피아인들은 상대방의 성격을 매우 민첩하게 판단하기도 한다. 만약 상대방이 직설적이고 정직하다고 판단 내리면 오랜 시간에 걸쳐 만족스러운 관계를 기대할 수 있다. 그렇지 않은 경우라면 정중히 거절할 것이다.

여러분이 주류 비즈니스 네트워크를 소개받지 못하면 불행하게도 의심스러운 인물을 만나게 될 수도 있다. 이런 유형의 인물들은 매우 작은 규모의 주식을 보유하면서도 그 대가로 대규모 현금 투자를 확보하기를 희망한다. 그들은 지역 당국이나 광대한 농지에 접근할 수 있다거나 영향력을 행사할 수 있다고 주장하기도 한다. 빠른 계약을 강요하려는 사람을 경계하고 구두 합의조차도 삼가는 편이 좋다. 에티오피아에서 정직한 합의는 늘 신중한 사고를 거치고 대부분 서면으로 진행된다.

에티오피아에서는 물론 전통적 가치가 우위를 차지하고 있지만 부패와 뇌물 수수 사례가 증가하고 있으며 일부 국가에서 만연한 부패 유형에 대해서는 대체로 못마땅하게 받아들이는 편이다. 비즈니스 거래에서 부패가 발생하고 적발되면 가혹한 법적 처벌을 받을 수 있다. 과소 청구 또는 과다 청구와 같은 미묘한 형태의 부패도 외국인을 깊은 수렁으로 빠트릴 수 있다. 훨씬 더 일반적인 사례는 일단 거래가 성사되고 나서 부탁을 하는 유형이다. 노트북 컴퓨터 구매에서부터 캐나다나 호주에서의 고등 교육을 위해 사촌에게 비용을 제공하는 사례에 이르기까지 어떤 것이든 가능하다. 이와 마찬가지로 유럽 또는 북미에 있는 친척에게 비자 취득 과정에 대한 도움을 요청하는 일은 드물지 않다.

법률

에티오피아의 민법과 상법은 영어 인쇄본이 있어서 매우 유용한 자료로 쓰인다. 주식회사 또는 민간 유한 회사를 만들고 등록하는 일은 어렵지 않은 편이다. 이들은 에티오피아 상법의 조항에 따라 연방 및 지역 통상 산업부의 규제를 받는다.

영업 허가증 없이는 어떤 사업도 운영할 수 없고 매년 갱신해야 한다.

고용 계약서는 신중하게 작성하고 서명하는 것이 중요하다. 그렇지 않으면 나중에 인력 문제를 겪게 될 수 있고 법적 조치로 이어질 수 있는데 이런 사례는 드물지 않다. 개인 보험 제도를 사용하지 않는 한 국가 보험 제도 가입은 의무사항이며 고용주와 주 정부 모두가 비용을 지불한다. 직원들에 대한 또 다른 의무사항으로는 휴가 혜택이나 고용 안정 보장 등이 있다.

에티오피아에서 법적 절차는 느리게 진행되는 편이며 이론상은 그렇지 않겠지만 실제로는 계약이 집행할 수 없도록 하는 요소가 존재하고 있다. 따라서 지불 지연을 비롯한 여러 가지 어려움을 겪게 될 수 있다. 그러므로 법원에 의지하지 않는 중재를 통한 합의를 계약에 포함하는 것이 좋다. 에티오피아 동료들과 신뢰 관계를 발전시키면서도 계약서를 분명하고 신중하게 작성하는 것이 현명하다.

외환관리

에티오피아의 화폐는 비르^{birr}라고 부르고 1비르는 100산팀 ^{centime}이다. 암하라어로 산팀^{santim}이라고 적는다.

2020년 기준으로 비르의 가치는 1달러당 30비르였다. 달러 대비 비르의 가치는 지속적으로 감소해 왔다. 다른 모든 통화에 대한 비르의 가치는 미국 달러의 현재 가치에 달려 있다. 투자자들은 국제적으로 널리 통용되는 통화로 계좌를 유지할 수 있지만 외환 통제 규정은 상당히 복잡하고 엄격하다. 외환이 부족한 시기에는 신용장 개설이나 배당금 송금에 몇 주 또는 몇 달이 걸릴 수 있다.

또한 불법적으로 운영되는 현금으로 된 외환 시장도 있다. 많은 사람이 이 시장을 이용하지만 경험이 없는 사람들을 위한 곳은 아니며 적발되면 기소될 수 있다.

관료 체제

에티오피아의 관료제는 느리고 복잡할 때도 있지만 매우 효율적이기도 하다. 운전면허증, 보험, 은행 계좌, 거주허가증을 발급받아야 하는 사람이라면 에티오피아의 관료제를 경험하게 될 것이다.

파일을 꼼꼼히 보관하면서 인내심을 가지고 겸손하게 접근한다면 어떤 직급의 공무원이든 도움을 줄 것이다. 은행에서 수표를 현금으로 바꾸거나 운전면허증을 갱신하는 과정에서 요청사항을 접수하고 송장과 영수증을 발급하며 돈을 처리하고 받는 절차에 적어도 6명의 인원이 포함될 것이다. 모두가 체계적으로 일을 처리할 것이므로 휴식 시간이나 점심시간, 직원회의 시간 또는 교육이 있는 날 방문하지만 않는다면 대체로 비교적 빠른 속도로 업무를 마무리할 수 있을 것이다. 혹시 특별한 날이나 시간대에 방문하게 된다면 모든 직원이 업무로 복귀할 때까지는 대체로 원하는 결과를 얻기 힘들다.

미팅

【 옷차림 】

여러분은 각 부처나 기업에서 가장 나이가 많은 사람만이 단정한 옷차림을 갖춘다는 사실을 발견하고 놀라게 될지도 모른다. 하지만 만약 기업 최고위층의 누군가를 만나게 된다면 말끔한 옷차림을 준비해야 한다. 남성의 경우 정장과 넥타이, 깔끔하게 닦은 구두를 준비하고 여성의 경우 다양한 옷차림이 가능하며 바지를 입어도 괜찮고 상황에 따라 적절하게 조절해서 입을 수 있다. 지방에서는 비즈니스 미팅에서 서양식 격식을 거의 찾을 수 없다. 상대방의 옷차림에 단점이 있더라도 거기에 주목할 만큼 무례한 사람은 거의 없을 것이다.

【에티켓】

에티오피아인은 공손한 사람들이므로 누군가 사무실을 방문한다면 늘 자리에서 일어나서 손님을 맞이할 것이다. 그들은 일을 처리하기 전에 먼저 악수한 뒤 자리로 안내할 것이다. 에티오피아인은 일반적으로 상대방을 부를 때 직함(Mr., Mrs., Dr., Reverend 등)과 함께 성이 아닌 이름을 부를 것이고 상대방도 같은 호칭을 쓰길 기대할 것이다. 정부 장관이나 고위 기업인들은 아토[Mr.], 워이저로[Mrs.], 워이저릿[Miss·]이라는 호칭을 쓰고 박사 학위가 있다면 닥터라는 호칭을 기대할 것이다. 대사와 장관에게는 '각하[Your Excellency]'가 적절하다. 정교회와 가톨릭 주교들은

'복되신 분$^{Your Beatitude}$'이고, 정교회 총대주교는 '거룩하고 성스러운 존재$^{Your Holiness}$'이다.

에티오피아에서는 "어떻게 지내니, 잘 지내니?"라는 말로 시작해 공손한 질문을 주고받은 뒤 가족에 관한 질문이 이어지는 것이 관례다. 인사가 마무리되면 회의의 주요 주제에 대한 논의를 시작할 수 있다. 인사 단계를 건너뛰거나 말을 끊지 않도록 하자.

【 주장하기 】

에티오피아인 사업가들은 대개 분명히 표현하고 명확한 이유가 있는 프레젠테이션에 좋은 반응을 보인다. 노트북 컴퓨터를 이용한 기술 프레젠테이션도 도움이 될 수 있다. 에티오피아인들은 발표가 끝낼 때까지 주의 깊게 듣고 나서 반응할 것이다. 그런 다음 양측이 서로 마음이 맞는다고 느낄 때까지 대화하고 의견을 교환할 수 있다. 에티오피아인은 도전과제를 만나면 해결책을 찾는 과정에서 엄청난 열정과 혁신을 보여줄 수 있다. 그들은 왜 상대방의 생각이 다를 수 있는지 정중하게 설명하거나 다른 행동 방침을 제안할 때 주저하지 않는다. 여러분이 제안에 관한 설명을 듣는 처지라면 발표를 중단시키지 말고 끝난 다음 질문해야 한다는 사실을 명심하자.

【협상】

가격과 관련된 논의라면 타협하고 흥정해야 할 수도 있으므로 시작 단계에서 애초에 기대했던 것보다 더 많은 것을 요구하는 편이 좋을 것이다. 어조는 공손해야 하며 절대로 대립적이지 않아야 한다.

즉석에서 결정이 내려지기를 기대하지 말자. 결정은 은밀히 이루어지며 여러분은 대답을 듣기 전에 여러 번 질문을 받을 수 있다.

의견 차이가 생기더라도 절대로 목소리를 높여서는 안 된다. 회의가 끝나고 난 뒤에야 여러분의 주장이 공개적으로는 아니더라도 묵묵히 받아들여졌다는 사실을 알게 될 수도 있다. 일이 지연되더라도 타협할 방법을 찾도록 노력하자. 에티오피아인은 극도로 인내심이 강하고 시간은 항상 자신의 편이라고 믿는다는 사실을 기억해야 한다. 여러분이 다음 날 아침 일찍 비행기를 타고 떠나야 하는 사람이라면 불리할 수밖에 없다. 겁먹지 말고 결정을 미루는 전술을 사용하자.

계약과 이행

계약 이행에 대한 의견 불일치가 발생할 경우 소송은 에티오피아의 국민 스포츠나 다름없다는 사실을 기억해두는 편이 좋다. 에티오피아에서는 누구든 불만을 품은 사람은 최후가 아니라 첫 번째 수단으로 민사 소송을 제기하므로 에티오피아에서 일을 진행하면서 법원과 관련된 마찰을 피하기는 매우 어렵다.

'연장자' 또는 '어르신'에게 판결을 부탁하는 전통적이면서도 까다롭지 않은 심판 시스템을 통해 법정 밖에서 해결책을 모색하는 것이 현명하다. 각 당사자는 꼭 나이가 많을 필요는 없지만 어느 정도의 사회적 지위를 차지하고 있는 2~3명의 '어르신' 또는 대리인을 임명하는 데 이들이 만나 합의를 권고할 것이다. 만약 그 합의가 받아들여진다면 법정 소송은 철회된다.

만일 법정 밖에서 합의에 도달할 수 없다면 법적 절차와 상급 법원으로의 항소는 결론이 나올 때까지 몇 년이 걸릴 수 있다.

여성 기업가

많은 여성이 사업, 법률, 정치 분야에서 정상의 자리에 오르는 현상은 현대 에티오피아의 특징이라고 할 수 있다. 여성들은 남성들로부터 동등한 대우를 받기를 기대하며 만약 여성이 고위직에 있다면 강인하고 결단력 있는 모습을 보일 것이다. 전통문화의 제약이 있지만 에티오피아 여성 기업가들은 현대성에 대한 에티오피아인의 열정에 큰 도움을 얻었다. 그들은 또

사흘레워크 쥬드 에티오피아 대통령(오른쪽)과 국제무역센터의 아란차 곤살레스 사무총장, 2018년

한 아디스아바바에 있는 광범위한 국제기구의 도움을 받았고
에티오피아에 동등한 고용에 관한 현대적 기준을 제시했다. 권
력과 영향력을 가진 여성들은 이제 에티오피아에서 영구히 지
속될 특징으로 자리 잡았다.

09

의사소통

에티오피아 연방정부의 공용어는 암하라어 또는 아마린야로 남부 셈어족에 속한다. 암하라어는
아디스아바바와 일부 남부 및 서부 지역의 공용어로 사용되며 한때 학교에서 공용어로 사용되기
도 했다.

언어

에티오피아 연방정부의 공용어는 암하라어 또는 아마린야 ^{Amarinya}로 남부 셈어족에 속한다. 암하라어는 아디스아바바와 일부 남부 및 서부 지역의 공용어로 사용되며 한때 학교에서 공용어로 사용되기도 했다. 암하라어는 문법적으로 복잡하고 미묘한 언어이며 외부인들이 배우기는 어렵지만 몇 개 단어만 배우려고 노력하더라도 유용하게 쓰이고 널리 인정받을 수 있을 것이다.

암하라어는 고대 남아라비아 문자에서 파생된 게즈 문자로 쓴다. 왼쪽에서 오른쪽으로 쓰며 각 글자는 모음이 추가된 기본 자음으로 구성된 음절을 나타낸다. 32개의 자음에 7개의 변형을 곱한 224개 이상의 문자가 가능하며 그다음 모음의

음을 나타낸다. 에티오피아의 셈어족 언어 중 알파벳이 사용되는 언어에 따라 전체 글자 수는 조금씩 달라진다. 어린아이들이 이 글자들을 배우는 사제 학교는 에티오피아의 훌륭한 전통 중 하나이다. 그래서 만약 여러분이 교회 마당을 지나면서 아이들이 '하, 후, 히, 하, 헤, 허, 호Ha Hu Ha Ha He Hu Ho'를 합창하는 소리를 듣는다면 아이들이 알파벳fidel을 열심히 공부하고 있다는 뜻이다.

【 암하라어 배우기 】

만약 여러분이 에티오피아에 장기 체류하고 있고 알파벳을 포함하여 암하라어를 완전히 습득하기 위해 진지하게 노력하고 싶다면 공식적인 문법 수업, 비공식적인 대화, 상당한 양의 암기 학습을 결합하는 방법이 가장 좋을 것이다. 수많은 기관과 개인 교사들이 암하라어 수업을 제공하고 있다. 다양한 강좌가 있으며 특히 메카네예수스 교회Mekane Yesus Church의 신학교와 이탈리아 문화 연구소의 강좌가 좋다. 서점에는 에티오피아어 회화책들이 있고 오디오 강좌도 이용할 수 있다.

만약 에티오피아어에 숙달하고 싶진 않더라도 몇 가지 표현을 배우고 싶다면 상용 회화 집을 사서 가까운 에티오피아인에게 도움을 요청해보자. 시작 단계에서 도움이 될 만한 몇 가지 단어는 다음과 같다.

아원(Awon) 또는 오우(Ow): 예

아이(Ai): 아니요

알라(Alla): …이 있다.

옐렘(Yelem): …이 없다.

이시(Ishi): 오케이

에바케(Ebakeh, 남성), 에바에시(Ebakesh, 여성), 에바쿼(Ebakwo, 공손한 표현): 부디

아메제날레후(Amesegenalehu) 또는 에그지아베르 이스틸리긍(Egziabher istilign): 감사합니다.

테나이스틸리긍(Tenayistilign): 안녕하세요?

인디민네(Indimin neh, 남성), 인디민 네시(Indimin nesh, 여성), 인디민 놋(Indimin not, 공손한 표현): 잘 지내죠?

데나, 에그지아베르 이메스젠(Dehna, Egziabher Yimesgen): 신께 감사합니다.

처음에는 기본적인 인사말과 '감사합니다'와 '부탁합니다'라는 말조차 어렵게 느껴질 수 있겠지만 곧 익숙해질 것이다. 남성과 여성에게 쓰는 표현이 다르고 존경을 표하고 싶은 사람에게 말을 할 때도 다른 형태가 사용된다는 점에 유의하자.

【다른 언어들】

공식적으로 사용되는 다른 지역 언어로는 오로미아에서 사용되는 오로모어, 소말리 지역의 소말리아어, 아파르 지역의 아파르어, 티그레이 지역의 티그레이어, 하라르 지역의 하라르어 등이 있다. 이 언어 중 상당수는 익숙한 글자에 예상치 못한 가

치를 부여하기도 하는 라틴 문자로 쓰인다. 따라서 소말리아어로 호텔은 'Xootel'로 쓰는데 x는 'h' 소리를 내고 'Maxamed'는 모하메드라는 흔한 이름을 나타낸다. 그러나 아판 오로모어^{Afan Oromo}에서 'x'는 유성음 't'를 나타내고 'q'는 유성음 'k'를 나타내며 두 자음 모두 일종의 '클릭' 소리를 가지고 있다.

게즈어는 고대 언어로 이제는 사용되지 않지만 여전히 정교회의 예배 언어로 사용된다. 게즈어에 가장 가까운 현대어는 티그레이와 에리트레아에서 사용되는 티그리냐어이다. 암하라어와 구라게어도 게즈어에서 유래했다.

【외국어】

영어는 에티오피아에서 가장 널리 사용되는 외국어이다. 그중에서도 데르그 시대 이전부터 교육을 받은 사람들과 해외에서 자란 사람들이 특히 영어를 유창하게 구사한다. 국내에서 교육을 받은 에티오피아인은 사려 깊고 신중하며 부드러운 방식으로 영어를 말하고 억양은 중동에서 사용되는 영어와 유사하다.

영어는 매우 오랫동안 교육의 매체로 사용되었기 때문에 다양한 에티오피아식 영어 관용구가 널리 사용되고 있다. '아유웰^{Are you well}(잘 지내니)?' 대신 '아유파인^{Are you fine}'이 일반적으로 사용된다. 만약 여러분이 방문하는 집의 문을 두드린다면 '컴인^{Come in}(들어오세요)' 대신 '겟인^{Get in}'이라는 표현을 듣게 될 것이다.

북미와 유럽으로 이주한 에티오피아인들은 모국어나 영어 이외의 다양한 언어를 사용하기도 한다. 이탈리아의 옛 식민지였던 에리트레아와 인연이 있거나 1936년부터 1941년까지 이탈리아의 점령을 기억하는 노인들은 기본적인 수준의 이탈리아어를 이해할 수 있다. 이탈리아어 단어 중 상당수가 암하라어로 유입되었는데 그 예로는 마끼나^{macchina}(자동차), 메르카토^{mercato}(시장) 등을 들 수 있다. 에티오피아인들이 졸업한 이탈리아 커뮤니티 스쿨도 있다.

남동쪽으로 옛 프랑스 식민지인 지부티 인접 지역과 프랑스인이 건설한 지부티-아디스아바바 철도 부근 지역의 많은 이들이 프랑스어를 알고 있으므로 하라르에서는 헤어질 때 오르부와^{au revoir}(또 봐요!)라고 인사해도 무방하다.

아디스아바바의 프랑스인 리세 게브르 마리암^{Lycée Guebre Mariam}은 프랑스어를 모국어로 사용하는 국외 거주자들과 함께 많은 에티오피아인을 교육했으며 에티오피아인이 사용할 수 있는 여러 언어에 프랑스어를 추가했다. 그 영향력은 나날이 발전하고 있는 프랑스 문화원인 알리앙스 프랑세즈^{Alliance Fransaise}를 통해 더욱 커졌다. 알리앙스 프랑세즈는 역사적, 고고학적 연구에도 큰 관심을 가지고 있는 기관이다. 암하라어에 도입된 프랑스어에는 라가레^{la gare}(철도역)가 있다.

암하라어에는 테라페자^{terapeza}(테이블)와 파파스^{pappas}(주교)와 같은 그리스어 기원의 단어도 있으며 이 단어들은 아주 오래전에 암하라어에 소개되었다.

에티오피아와 가장 오랜 인연을 맺어온 외국어는 아랍어이다. 많은 무역업자가 이 언어를 사용하는데 특히 예멘이나 사우디 출신의 무역업자들이 아랍어를 사용한다. 아랍어와 암하라어에는 파라스^{faras}(말), 무즈^{muz}(바나나), 비르투칸^{birtukan}(오렌지 또는 포르투갈 과일) 등 같거나 유사한 단어가 많다.

호칭과 보디랭귀지

영어든 암하라어든 누군가에게 전화를 걸거나 대면할 때는 아토^{Mr.}, 위이저로^{Mrs.}, 위이저릿^{Miss.}을 이름 앞에 붙여 부르는 것이 예의에 맞다. 그러므로 에티오피아의 현 총리인 아비 아흐메드 박사는 아흐메드 박사가 아니라 아비 박사로 부른다. 아흐메드는 총리 아버지의 이름이다.

에티오피아인은 자신의 이름 뒤에 아버지의 이름을 붙인 이름으로 한평생 불린다. 혼란이 있을 것 같다면 친할아버지의 이름을 덧붙이기도 한다. 결혼한 여성이라도 남편의 이름을 쓰지 않는다.

인사할 때는 악수를 하면서 살짝 고개를 숙이는 것이 일반적이다. 매우 겸손하고 예의 바른 사람은 손이 아닌 손목을 내밀 것이다. 앉아 있다가 누군가를 맞이해야 한다면 자리에서 일어서는 최소한의 예의를 갖추어야 한다. 앉은 채로 맞이하면 방에 들어오는 손님은 정중한 태도로 항의할 것이다.

암하라어는 전통적으로 안부를 여러 번 묻는데 답변은 반드시 긍정적이어야 한다. 나쁜 소식이 있더라도 나중에 얘기한다. '안녕하세요? 잘 지내시죠? 신의 은총으로 잘 지내고 있습니다'라고 영어로 인사해도 괜찮다. 동성이든 이성이든 오랜만에 만난 친한 친구라면 서로의 양 볼에 서너 번 키스하기도 한다. 악수하면서 반대편 어깨를 어루만지면 더 다정한 인사가 될 수 있다.

에티오피아인은 신체적 접촉에 익숙하다. 교통경찰 두 명이 손을 잡은 모습은 그들이 동성애자라는 표시가 아니라 친한 친구라는 사실을 의미한다. 손을 잡은 연인은 도시에서 점점 더 흔하게 볼 수 있지만 아직은 '진보한' 모습으로 여겨진다.

에티오피아에서는 버스를 기다릴 때 일반적으로 서양에서보다 옆 사람과 좀 더 가까이 선다. 그렇지만 길에서 다른 사람과 부딪치는 행동은 예의가 아니므로 혹시 부딪치는 일이 생기면 항상 '이키르타^{yikirta}(실례합니다)'라고 말해야 한다.

예의범절, 과묵함, 사회적 뉘앙스

인사를 시작하면서 상대방의 건강에 대해 서로 관심을 표시한 후에는 대개 다소 신중하게 다음 질문을 이어간다. 자신의 관심사를 곧바로 언급하는 일은 현명하지 못한 행동일 뿐만 아니라 무례한 태도로 보일 수 있다. 자신의 주장을 제기하기 전에 상대방의 의제를 간접적으로 파악하면 더 좋은 결과를 얻을 수 있기 때문이다.

에티오피아인은 다른 사람에게 화가 났다고 해서 목소리를 높이는 일이 거의 없다. 에티오피아인들은 다른 사람 앞에서 수치심을 느끼는 것을 싫어하기 때문에 목소리를 높이는 외국인이 있다면 퉁명스럽게 반응하거나 자기 통제력이 부족한 사람을 대하듯 조롱할 것이다.

여러 사람을 만날 때는 운전사나 하녀를 포함한 모두에게 악수로 인사하는 것이 예의이다. 다른 사람의 집에 들어갈 때 집주인에게 인사하면서 반드시 그 집 가정부에게도 인사해야 한다. 인사할 때 혹은 대화할 때 항상 시선을 마주치는 것이 중요하며 불편하지 않은 선에서 상대방과 계속 눈을 마주치도록 한다.

에티오피아인들은 일반적인 대화에서 개인적인 상황에 대해 침묵하는 경향이 있다. 이는 권위주의 정권과 일자리를 얻기 어려운 경쟁적인 분위기에서 살아온 세대의 경험에서 생겨난 습관이다. 가족에 관련된 정보나 개인적인 비극 등은 자진해서 말하지 않는 편이다. 그러므로 나이, 지역, 정치를 바탕으로 상대방의 개인적인 사연을 추측하고 민감하게 반응하기 위해서는 약간의 상상력이 필요하다. 많은 에티오피아 가족은 전쟁이나 데르그 정권 시절 누군가를 잃었고 망명 중이거나 경제적 이유로 해외로 이주한 친척이 있다.

다양한 계층의 에티오피아 사람들을 한 파티에 초대한다면 크게 주의해야 할 부분이 있다. 에티오피아인을 다른 에티오피아인과 구분하는 요소는 지역적 차이뿐만 아니라 영국의 계층 제도만큼이나 미묘한 신분과 이념적 차이도 있다. 예를 들어 저명한 티그레이인이 저명한 오로모인과 함께 저녁 식사를 즐길 수 있을 것으로 기대하지 않도록 하자. 정치적 열정과 충성심은 그 뿌리가 매우 깊기 때문이다. 또한 나이 든 사람이 크게 존경받는 사회에서 능력 있는 젊은 사람이 좋은 지도자가 되리라고 기대해서는 안 된다.

모르는 사람의 사진을 찍으면서 상대방의 허락을 구하지 않으면 냉정한 협상의 과정을 거쳐야 할 수도 있다. 타인의 사생활을 존중하는 마음으로 사진을 찍기 전에 상대방에게 물어보는 게 좋고 만약 사진을 찍게 된다면 일종의 사례금을 지불해야 할 것이다.

유머

에티오피아인은 겉으로 보기에는 다소 냉정하고 절제된 모습이지만 뛰어난 유머 감각을 지니고 있다. 그들은 재치와 말장난을 이용한 농담을 매우 즐기며 정치적 긴장이 완화되면 유머 감각은 더 두드러진다. 에티오피아인은 또한 슬랩스틱 코미디를 좋아하고 친구가 말에서 떨어진다면 동정심을 보이면서도 웃어넘길 것이다. 그렇지만 에티오피아인은 낯선 사람의 불행을 비웃을 정도로 무례하지는 않으며 만일 낯선 사람이 질병이나 금전적인 사유로 불행한 상황이라면 깊은 동정심을 느낄 것이다.

에티오피아식 유머는 흔한 일에 이상한 이름을 사용하는

데서 나온다. 공항으로만 가는 특별한 노란색 택시는 '대통령'이라고 불리는데 에티오피아에서 국가 원수의 주된 업무는 외국 고위인사들을 만나기 위해 공항을 오가며 하루를 보내는 일이라는 인식이 지배적이기 때문이다. 사람들을 잔뜩 실은 시골 지역의 트럭은 가끔 심각한 사고로 이어지는 까닭에 '알카에다'라고 부른다.

미디어

정부의 라디오 방송은 영어뿐만 아니라 여러 지역 언어로 방송되며 현재 암하라어와 기타 언어로 송신하는 사설 방송국이 있다. 시사, 전화 참여, 뉴스, 음악 등 다양한 프로그램이 있다.

텔레비전 채널은 두 가지가 있는데 둘 다 에티오피아 국영 방송사에서 운영한다. 많은 술집과 호텔을 포함하여 위성 방송 수신기가 있는 사람들은 CNN, BBC뿐만 아니라 다양한 스포츠 채널을 시청한다. 집에서 식사하면서 혹은 호텔이나 식당에서 텔레비전을 켜두는 일은 흔한 모습이다.

   신문은 일반적으로 영어, 암하라어 또는 아판 오로모어로
발행된다. 영어로 발행되는 가장 잘 알려진 타블로이드 주간
지는 〈캐피털Capital〉, 〈포춘Fortune〉 그리고 〈더리포터The Reporter〉이며
세 가지 모두 온라인으로도 읽을 수 있다. 정부에서는 〈에티오
피아 헤럴드Ethiopian Herald〉라는 이름의 신문을 발행하고 있으며
잡지의 종류가 늘고 있지만 일부 잡지는 1호 혹은 2호를 발행
한 뒤 사라지기도 한다. 거리에서 신호등에 걸린 운전자에게
〈타임〉, 〈뉴스위크〉, 〈이코노미스트〉 등의 잡지를 판매하는 소
년들도 볼 수 있다. 이들은 재활용 잡지를 판매하기도 한다. 그

외의 외국 신문은 찾기 힘든 편이다.

언론은 주로 자기 검열의 원칙에 따라 운영된다. 정부 정책이나 권력자에 대한 비판이 지나치면 문을 닫을 수 있고 편집자는 체포된다. 그렇다고 해서 언론이 정부 정책에 정중하게 반대할 자유가 없지는 않지만 심층적인 탐사 보도 기관은 거의 없으며 정부를 비판하더라도 간접적인 방법으로 비판한다는 뜻이다. 야당 인사의 연설은 전문이 게재될 수 있지만 편집자의 직설적인 비난과 함께 실린다. 이렇게 하면 비난받을 위험 없이 인쇄될 수 있다.

전화와 인터넷

휴대전화나 '모바일 기기'는 이제 외딴 시골 지역에까지 널리 보급되어 없어서는 안 될 필수품이 되었다. 음성으로 의사소통하는 방법을 선호하는 에티오피아 사람들은 '메시지'보다는 전화를 선호한다. 비슷한 이유로 그들은 이메일보다는 '왓츠앱', '텔레그램', '바이버'와 같은 인스턴트 메시지 앱을 더 자주 사용한다. 실제로 외국인들은 에티오피아의 동료나 친구들에

게 보낸 이메일에 답변이 없으면 실망하기도 한다. 유선 전화가 계속 사용되고 유용한 대체 수단으로 작용하고 있긴 하지만 휴대전화는 가장 신뢰할 수 있는 수단으로 자리 잡았다.

스마트폰 사용은 도시를 중심으로 점점 더 늘고 있고 에티오피아를 방문하는 동안 기존 스마트폰을 사용하려면 자신에게 맞는 로밍 기관을 찾아야 한다. 국내용 SIM 카드는 여권을 발급하면서 구입할 수 있다. 휴대전화와 컴퓨터 접속 케이블을 통한 인터넷 연결을 위해서는 키오스크나 노점상에서 구입할 수 있는 정가 카드를 사용한다. 카드에 숨겨진 번호를 휴대전화나 접속 케이블에 입력하면 되지만 몇 가지 지침은 암하라어로 제공되는 까닭에 암하라어를 아는 지인이 있어야 안전하다. 거주자를 위한 와이파이는 에티오텔레콤 지사를 방문해 필요한 주소증명을 제시하면 구입할 수 있다. 인터넷 카페는 아디스아바바 곳곳에서 찾을 수 있고 고속 데이터 통신망은 큰 호텔에서 이용할 수 있다. 에티오피아의 인터넷 도메인은 '.et'이다.

휴대전화 서비스와 인터넷은 모두 에티오텔레콤에서 통제하고 있으며 에티오텔레콤은 국가 비상사태가 발생하면 SMS와 같은 서비스를 종료할 수 있다. 산악 지역의 네트워크는 시스템이 빈번히 다운되거나 연결 또는 다운로드 속도가 매우 느리기도 하므로 좌절감을 느끼게 될 수도 있다.

인터넷의 발달로 영어에 능통한 사람들을 통해 에티오피아는 세계 무대에 등장하게 되었다. 인터넷은 정보 수집을 위한 목적뿐만 아니라 의견 표현의 수단으로 사용된다. 정부에 적대적인 이들뿐만 아니라 정부를 지지하는 수많은 정치 웹사이트들이 있으며 그들 중 다수는 심한 욕설을 사용한다. 정부에 반대하는 사이트는 검열을 받기도 한다.

우편

주요 글로벌 택배 서비스는 에티오피아에서 매우 효율적으로 운영되고 있다. 소포는 빌딩이나 아디스아바바 주변의 관련 회사 사무실에서 배달하거나 수거할 수 있다. 택배는 기업들이 물건을 보낼 때 선호하는 수단으로 자리 잡았다.

우체국인 포스타 베트[Posta Bet]는 전국 우체국의 사서함에 편지를 효율적이고 저렴하게 배달하는 훌륭한 기관으로 주소지로 배달하는 방식은 아니다. 우체통은 노란색으로 우체국 밖에서 찾을 수 있다. 사서함 번호를 받으려면 약간의 돈을 매년 지불해야 하고 그 대가로 특정 번호가 매겨진 사서함의 열쇠를 받고 편지를 받을 수 있다. 소포가 있을 때는 사서함에 메모가 남겨져 있을 것이다.

결론

에티오피아는 다양성으로 인해 일반화하기 매우 어렵다. 또한 에티오피아는 여러 나라로 구성된 국가이다. 에티오피아는 아프리카이면서 중동이고 전통적이면서도 현대적이다. 에티오피아에는 최신 기기와 더불어 빠르게 움직이는 도시와 그와는 다른 시간대에 살고 있는 듯한 시골 지역이 공존한다. 다양한 문화의 바탕에는 자부심의 원천이자 통일감과 민족성을 뒷받침하며 그들 모두가 공유하고 있는 역사에 대한 깊은 인식이 자리 잡고 있다.

에티오피아인의 국민성을 일반화한다면 그들은 자부심이 강하고 세련되며 예의 바르면서도 도덕적 우월감이 강하다. 에티오피아는 개인주의자들의 나라이다. 그들 각자는 훌륭한 운동선수이지만 늘 훌륭한 팀 선수가 되지는 않는다. 에티오피아인은 조직적인 정부와 체계적인 관료주의를 사랑하지만 문제가 생기면 놀라울 만큼 창의성이 두드러진다.

여러분이 에티오피아의 문화를 존중하고 그들의 신뢰를 얻는다면 에티오피아인의 내면에는 문제를 새로운 방식으로 보려는 지적인 파트너의 면모가 있다는 사실을 발견하게 될 것이다. 에티오피아인은 열심히 일하는 동료이자 충실한 친구이다.

유용한 앱과 웹사이트

【 앱 】

딜리버아디스(Deliver Addis) 아디스아바바의 음식 배달 서비스

EtCal 에티오피아의 기념일, 단식기간, 축제 등을 알려 주는 앱

에티오피아 항공(Ethiopian Airlines) 항공권 예약과 체크인

PoloTrip 아디스아바바에서 쓸 수 있는 택시 호출 서비스

RIDE 아디스아바바에서 쓸 수 있는 택시 호출 서비스

텔레그램(Telegram) 에티오피아에서 가장 널리 사용되는 인스턴트 메신저

ZayRide 택시 호출 서비스

【 웹사이트 】

www.addisstandard.com 온라인 뉴스 미디어

www.borkena.com 캐나다에 본사를 둔 에티오피아 뉴스 미디어

www.thereporterethiopia.com 온라인에서 무료로 읽을 수 있는 주간
독립신문

www.facebook.com/linkupaddis 문화행사 및 뉴스를 다루는 월간
온라인 잡지

www.ethiopianbusinessreview.net 월간 비즈니스 잡지(인쇄판 발행)

참고문헌

Reference
Cheru, Fantu; Cramer, Christopher; Oqubay, Arkebe (eds). *The Oxford Handbook of the Ethiopian Economy*. Oxford: OUP, 2019.

Archaeology
Phillipson, David W. *Ancient Ethiopia. Aksum: Its Antecedents and Successors*. London: British Museum Press, 1995.

Church
Binns, John. *The Orthodox Church of Ethiopia. A History*. London, New York: IB Tauris, 2016.

Fiction
Verghese, Abraham. *Cutting for Stone*. New York: Penguin Random House, 2010.

Gibb, Camilla. *Sweetness in the Belly*. Canada: Heinemann, 2006.

Mengiste, Maaza. *The Shadow King*. New York: W.W. Norton & Co., 2019.

Laird, Elizabeth; Yosef Kebede. *When the World Began: Stories Collected in Ethiopia*. Oxford: Oxford University Press, 2000.

Geography and Travel
Koehler, Jeff. *Where the Wild Coffee Grows*. USA: Bloomsbury, 2017.

Marsden, Philip. *The Chains of Heaven: An Ethiopian Romance*. London: HarperCollins, 2005.

Thesiger, Wilfred. *The Danakil Diary: Journeys through Abyssinia, 1930–34*. London: Flamingo, 1998.

History
Henze, Paul B. *Layers of Time: A History of Ethiopia*. New York: Palgrave Macmillan, 2004.

Zewde, Bahru. *A History of Modern Ethiopia 1855-1991*. Oxford: James Currey, 2002.

Pankhurst, Richard. *The Ethiopians: a History*. Oxford: Blackwell, 1998.

Rankin, Nicholas. *Telegram from Guernica: The Extraordinary Life of George Steer, War Correspondent*. London: Faber, 2003.

Biography

Edemariam, Aida. *The Wife's Tale*. London: HarperCollins, 2018.

Asserate, Asfa-Wossen. *King of Kings. The Triumph and Tragedy of Emperor Haile Selassie I of Ethiopia*. London: Haus Publishing, 2015.

Marsden, Philip. *The Barefoot Emperor*. London: Harper Press, 2007.

Natural History

Redman, Nigel; Stevenson, Terry; Fanshawe, John. *Birds of the Horn of Africa*. Princeton: Princeton University Press, 2009.

Sebsebe Demissew; Inger Nordal; Odd E. Stabbetorp. *Flowers of Ethiopia and Eritrea: Aloes and Other Lilies*. Addis Ababa: Shama Press, 2010.

Sebsebe Demissew; Phillip Cribb; Finn Rasmussen. *Field Guide to Ethiopian Orchids*. London: Royal Botanic Gardens Kew, 2004.

Travel Guides

Phillips, Matt; Jean-Bernard Carillet. *Ethiopia and Eritrea Travel Guide*. Melbourne/Oakland/London/Paris: Lonely Planet Publications, 2017.

Briggs, Philip. *Ethiopia*. Chalfont St. Peter, Bucks., England: Bradt, 2019.

지은이

세라 하워드

세라 하워드는 케냐에서 어린 시절을 보냈으며 지금은 식물의 특징과 아름다움을 그림으로 담아내는 예술가인 보태니컬 아티스트이자 작가로 일하고 있다. 런던대학교 소속의 아시아·중동·아프리카 지역 단과대학인 소아즈(SOAS, School of Oriental and African Studies)에서 아프리카 역사와 사회인류학을 전공했고, 영국 성공회 기관 두 곳에서 기자와 연구원으로 근무했다. 또한 케냐 리키 가문(Leakey family, 3대에 걸쳐 케냐에서 활동한 고인류학자 가족-옮긴이)의 서류 보관을 담당했다. 저자는 동아시아와 관련된 개인 소장품 보관에 관한 조언을 계속하고 있으며 1989년부터는 스코틀랜드와 에티오피아를 오가며 일하고 있다. 식물에 관심을 두기 시작하면서 에든버러 왕립 식물원에서 식물 삽화 교육을 받았고 아디스아바바대학교에서 에티오피아와 에리트레아 주요 식물군 묘사작업을 도왔다. 현재는 에티오피아 고유종 식물의 묘사화를 그리는 일을 하고 있다.

옮긴이

김경애

이화여자대학교 통역번역대학원을 졸업하였으며, 현재 번역에이전
시 엔터스코리아에서 전문 번역가로 활동 중이다. 주요 역서로는
『저항의 예술: 포스터로 읽는 100여 년 저항과 투쟁의 역사』, 『전
략적 UX라이팅: 사용자 경험을 위한 마이크로카피 작성법』, 『세
계 문화 여행: 프랑스 : 세계의 풍습과 문화가 궁금한 이들을 위
한 필수 안내서』, 『알폰스 무하, 유혹하는 예술가 : 시대를 앞선 발
상으로 아르누보 예술을 이끈 선구자의 생애와 작품』 등이 있다.

세계 문화 여행 시리즈

세계의 풍습과 문화가 궁금한 이들을 위한 필수 안내서